I0232653

TURCO
VOCABULÁRIO

PORTUGUÊS
TURCO

Para alargar o seu léxico e apurar
as suas competências linguísticas

5000 palavras

Vocabulário Português Brasileiro-Turco - 5000 palavras

Por Andrey Taranov

Os vocabulários da T&P Books destinam-se a ajudar a aprender, a memorizar, e a rever palavras estrangeiras. O dicionário é dividido em temas, cobrindo todas as principais esferas de atividades quotidianas, negócios, ciência, cultura, etc.

O processo de aprendizagem, utilizando os dicionários baseados em temáticas da T&P Books dá-lhe as seguintes vantagens:

- Informação de origem corretamente agrupada predetermina o sucesso em fases subsequentes da memorização de palavras
- Disponibilização de palavras derivadas da mesma raiz, o que permite a memorização de unidades de texto (em vez de palavras separadas)
- Pequenas unidades de palavras facilitam o processo de estabelecimento de vínculos associativos necessários para a consolidação do vocabulário
- O nível de conhecimento da língua pode ser estimado pelo número de palavras aprendidas

T&P Books Publishing
www.tpbooks.com

ISBN: 978-1-78767-390-8

Este livro também está disponível em formato E-book.
Por favor visite www.tpbooks.com ou as principais livrarias on-line.

VOCABULÁRIO TURCO
palavras mais úteis

Os vocabulários da T&P Books destinam-se a ajudar a aprender, a memorizar, e a rever palavras estrangeiras. O vocabulário contém mais de 5000 palavras de uso comum organizadas tematicamente.

O vocabulário contém as palavras mais comummente usadas

Recomendado como adicional para qualquer curso de línguas

Satisfaz as necessidades dos iniciados e dos alunos avançados de línguas estrangeiras

Conveniente para o uso diário, sessões de revisão e atividades de auto-teste

Permite avaliar o seu vocabulário

Características especias do vocabulário

* As palavras estão organizadas de acordo com o seu significado, e não por ordem alfabética
* As palavras são apresentadas em três colunas para facilitar os processos de revisão e auto-teste
* As palavras compostas são divididas em pequenos blocos para facilitar o processo de aprendizagem
* O vocabulário oferece uma transcrição simples e adequada de cada palavra estrangeira

O vocabulário contém 155 tópicos incluindo:

Conceitos básicos, Números, Cores, Meses, Estações do ano, Unidades de medida, Roupas & Acessórios, Alimentos & Nutrição, Restaurante, Membros da Família, Parentes, Caráter, Sentimentos, Emoções, Doenças, Cidade, Passeios, Compras, Dinheiro, Casa, Lar, Escritório, Trabalho no Escritório, Importação & Exportação, Marketing, Pesquisa de Emprego, Esportes, Educação, Computador, Internet, Ferramentas, Natureza, Países, Nacionalidades e muito mais …

TABELA DE CONTEÚDOS

GUIA DE PRONUNCIAÇÃO

Alfabeto fonético T&P	Exemplo Turco	Exemplo Português
[a]	akşam [akʃam]	chamar
[e]	kemer [kemer]	mover
[i]	bitki [bitki]	sinônimo
[ɪ]	fırıncı [fırındʒı]	sinônimo
[o]	foto [foto]	lobo
[u]	kurşun [kurʃun]	bonita
[ø]	römorkör [rømorkør]	orgulhoso
[y]	cümle [dʒymle]	questionar

Consoantes

[b]	baba [baba]	barril
[d]	ahududu [ahududu]	dentista
[dʒ]	acil [adʒil]	adjetivo
[f]	felsefe [felsefe]	safári
[g]	guguk [guguk]	gosto
[ʒ]	Japon [ʒapon]	talvez
[j]	kayak [kajak]	Vietnã
[h]	merhaba [merhaba]	[h] aspirada
[k]	okumak [okumak]	aquilo
[l]	sağlıklı [saalıklı]	libra
[m]	mermer [mermer]	magnólia
[n]	nadiren [nadiren]	natureza
[p]	papaz [papaz]	presente
[r]	rehber [rehber]	riscar
[s]	saksağan [saksaan]	sanita
[ʃ]	şalgam [ʃalgam]	mês
[t]	takvim [takvim]	tulipa
[tʃ]	çelik [tʃelik]	Tchau!
[v]	Varşova [varʃova]	fava
[z]	kuzey [kuzej]	sésamo

ABREVIATURAS
usadas no vocabulário

Abreviaturas do Português

adj	-	adjetivo
adv	-	advérbio
anim.	-	animado
conj.	-	conjunção
desp.	-	esporte
etc.	-	Etcetera
ex.	-	por exemplo
f	-	nome feminino
f pl	-	feminino plural
fem.	-	feminino
inanim.	-	inanimado
m	-	nome masculino
m pl	-	masculino plural
m, f	-	masculino, feminino
masc.	-	masculino
mat.	-	matemática
mil.	-	militar
pl	-	plural
prep.	-	preposição
pron.	-	pronome
sb.	-	sobre
sing.	-	singular
v aux	-	verbo auxiliar
vi	-	verbo intransitivo
vi, vt	-	verbo intransitivo, transitivo
vr	-	verbo reflexivo
vt	-	verbo transitivo

CONCEITOS BÁSICOS

Conceitos básicos. Parte 1

1. Pronomes

eu	ben	[ben]
você	sen	[sen]
ele, ela	o	[o]
nós	biz	[biz]
vocês	siz	[siz]
eles, elas	onlar	[onlar]

2. Cumprimentos. Saudações. Despedidas

Oi!	Selam!	[selam]
Olá!	Merhaba!	[merhaba]
Bom dia!	Günaydın!	[gynajdın]
Boa tarde!	İyi günler!	[iji gynler]
Boa noite!	İyi akşamlar!	[iji akʃamlar]
cumprimentar (vt)	selam vermek	[selam vermek]
Oi!	Selam!, Merhaba!	[selam], [merhaba]
saudação (f)	selam	[selam]
saudar (vt)	selamlamak	[selamlamak]
Tudo bem?	Nasılsın?	[nasılsın]
E aí, novidades?	Ne var ne yok?	[ne var ne jok]
Tchau! Até logo!	Hoşca kalın!	[hoʃdʒa kalın]
Até breve!	Görüşürüz!	[gøryʃyryz]
Adeus! (sing.)	Güle güle!	[gyle gyle]
Adeus! (pl)	Elveda!	[elveda]
despedir-se (dizer adeus)	vedalaşmak	[vedalaʃmak]
Até mais!	Hoşça kal!	[hoʃtʃa kal]
Obrigado! -a!	Teşekkür ederim!	[teʃekkyr ederim]
Muito obrigado! -a!	Çok teşekkür ederim!	[tʃok teʃekkyr ederim]
De nada	Rica ederim	[ridʒa ederim]
Não tem de quê	Bir şey değil	[bir ʃej deil]
Não foi nada!	Estağfurullah	[estaafurulla]
Desculpa!	Affedersin!	[afedersin]
Desculpe!	Affedersiniz!	[afedersiniz]
desculpar (vt)	affetmek	[afetmek]
desculpar-se (vr)	özür dilemek	[øzyr dilemek]
Me desculpe	Özür dilerim	[øzyr dilerim]

Desculpe!	Affedersiniz!	[afedersiniz]
perdoar (vt)	affetmek	[afetmek]
por favor	lütfen	[lytfen]

Não se esqueça!	Unutmayın!	[unutmajın]
Com certeza!	Kesinlikle!	[kesinlikte]
Claro que não!	Tabi ki hayır!	[tabi ki hajır]
Está bem! De acordo!	Tamam!	[tamam]
Chega!	Yeter artık!	[jeter artık]

3. Como se dirigir a alguém

senhor	Beyefendi	[bejefendi]
senhora	Hanımefendi	[hanımefendi]
senhorita	Hanımefendi	[hanımefendi]
jovem	Genç, delikanlı	[gentʃ], [delikanlı]
menino	Oğlum	[oolum]
menina	Kızım	[kızım]

4. Números cardinais. Parte 1

zero	sıfır	[sıfır]
um	bir	[bir]
dois	iki	[iki]
três	üç	[ytʃ]
quatro	dört	[dørt]

cinco	beş	[beʃ]
seis	altı	[altı]
sete	yedi	[jedi]
oito	sekiz	[sekiz]
nove	dokuz	[dokuz]

dez	on	[on]
onze	on bir	[on bir]
doze	on iki	[on iki]
treze	on üç	[on ytʃ]
catorze	on dört	[on dørt]

quinze	on beş	[on beʃ]
dezesseis	on altı	[on altı]
dezessete	on yedi	[on jedi]
dezoito	on sekiz	[on sekiz]
dezenove	on dokuz	[on dokuz]

vinte	yirmi	[jirmi]
vinte e um	yirmi bir	[jirmi bir]
vinte e dois	yirmi iki	[jirmi iki]
vinte e três	yirmi üç	[jirmi ytʃ]

trinta	otuz	[otuz]
trinta e um	otuz bir	[otuz bir]

| trinta e dois | otuz iki | [otuz iki] |
| trinta e três | otuz üç | [otuz ytʃ] |

quarenta	kırk	[kırk]
quarenta e um	kırk bir	[kırk bir]
quarenta e dois	kırk iki	[kırk iki]
quarenta e três	kırk üç	[kırk ytʃ]

cinquenta	elli	[elli]
cinquenta e um	elli bir	[elli bir]
cinquenta e dois	elli iki	[elli iki]
cinquenta e três	elli üç	[elli ytʃ]

sessenta	altmış	[altmıʃ]
sessenta e um	altmış bir	[altmıʃ bir]
sessenta e dois	altmış iki	[altmıʃ iki]
sessenta e três	altmış üç	[altmıʃ ytʃ]

setenta	yetmiş	[jetmiʃ]
setenta e um	yetmiş bir	[jetmiʃ bir]
setenta e dois	yetmiş iki	[jetmiʃ iki]
setenta e três	yetmiş üç	[jetmiʃ ytʃ]

oitenta	seksen	[seksen]
oitenta e um	seksen bir	[seksen bir]
oitenta e dois	seksen iki	[seksen iki]
oitenta e três	seksen üç	[seksen ytʃ]

noventa	doksan	[doksan]
noventa e um	doksan bir	[doksan bir]
noventa e dois	doksan iki	[doksan iki]
noventa e três	doksan üç	[doksan ytʃ]

5. Números cardinais. Parte 2

cem	yüz	[juz]
duzentos	iki yüz	[iki juz]
trezentos	üç yüz	[ytʃ juz]
quatrocentos	dört yüz	[dørt juz]
quinhentos	beş yüz	[beʃ juz]

seiscentos	altı yüz	[altı juz]
setecentos	yedi yüz	[jedi juz]
oitocentos	sekiz yüz	[sekiz juz]
novecentos	dokuz yüz	[dokuz juz]

mil	bin	[bin]
dois mil	iki bin	[iki bin]
três mil	üç bin	[ytʃ bin]
dez mil	on bin	[on bin]
cem mil	yüz bin	[juz bin]

| um milhão | milyon | [miljon] |
| um bilhão | milyar | [miljar] |

6. Números ordinais

primeiro (adj)	**birinci**	[birindʒi]
segundo (adj)	**ikinci**	[ikindʒi]
terceiro (adj)	**üçüncü**	[ytʃyndʒy]
quarto (adj)	**dördüncü**	[dørdyndʒy]
quinto (adj)	**beşinci**	[beʃindʒi]
sexto (adj)	**altıncı**	[altındʒı]
sétimo (adj)	**yedinci**	[jedindʒi]
oitavo (adj)	**sekizinci**	[sekizindʒi]
nono (adj)	**dokuzuncu**	[dokuzundʒu]
décimo (adj)	**onuncu**	[onundʒu]

7. Números. Frações

fração (f)	**kesir**	[kesir]
um meio	**yarım**	[jarım]
um terço	**üçte bir**	[ytʃte bir]
um quarto	**dörtte bir**	[dørtte bir]
um oitavo	**sekizde bir**	[sekizde bir]
um décimo	**onda bir**	[onda bir]
dois terços	**üçte iki**	[ytʃte iki]
três quartos	**dörtte üç**	[dørtte ytʃ]

8. Números. Operações básicas

subtração (f)	**çıkarma**	[tʃıkarma]
subtrair (vi, vt)	**çıkarmak**	[tʃıkarmak]
divisão (f)	**bölme**	[bølme]
dividir (vt)	**bölmek**	[bølmek]
adição (f)	**toplama**	[toplama]
somar (vt)	**toplamak**	[toplamak]
adicionar (vt)	**katmak**	[katmak]
multiplicação (f)	**çarpma**	[tʃarpma]
multiplicar (vt)	**çarpmak**	[tʃarpmak]

9. Números. Diversos

algarismo, dígito (m)	**rakam**	[rakam]
número (m)	**sayı**	[sajı]
numeral (m)	**sayı, rakam**	[sajı], [rakam]
menos (m)	**eksi**	[eksi]
mais (m)	**artı**	[artı]
fórmula (f)	**formül**	[formyl]
cálculo (m)	**hesaplama**	[hesaplama]
contar (vt)	**saymak**	[sajmak]

| calcular (vt) | hesaplamak | [hesaplamak] |
| comparar (vt) | karşılaştırmak | [karʃılaʃtırmak] |

| Quanto? | Kaç? | [katʃ] |
| Quantos? -as? | Ne kadar? | [ne kadar] |

soma (f)	toplam	[toplam]
resultado (m)	sonuç	[sonutʃ]
resto (m)	kalan	[kalan]

alguns, algumas ...	birkaç	[birkatʃ]
pouco (~ tempo)	biraz	[biraz]
resto (m)	geri kalan	[geri kalan]
um e meio	bir buçuk	[bir butʃuk]
dúzia (f)	düzine	[dyzine]

ao meio	yarı yarıya	[jarı jarıja]
em partes iguais	eşit olarak	[eʃit olarak]
metade (f)	yarım	[jarım]
vez (f)	kere	[kere]

10. Os verbos mais importantes. Parte 1

abrir (vt)	açmak	[atʃmak]
acabar, terminar (vt)	bitirmek	[bitirmek]
aconselhar (vt)	tavsije etmek	[tavsije etmek]
adivinhar (vt)	doğru tahmin etmek	[dooru tahmin etmek]
advertir (vt)	uyarmak	[ujarmak]

ajudar (vt)	yardım etmek	[jardım etmek]
almoçar (vi)	öğle yemeği yemek	[ø:le jemei jemek]
alugar (~ um apartamento)	kiralamak	[kiralamak]
amar (pessoa)	sevmek	[sevmek]
ameaçar (vt)	tehdit etmek	[tehdit etmek]

anotar (escrever)	not almak	[not almak]
apressar-se (vr)	acele etmek	[adʒele etmek]
arrepender-se (vr)	üzülmek	[yzylmek]
assinar (vt)	imzalamak	[imzalamak]
brincar (vi)	şaka yapmak	[ʃaka japmak]

brincar, jogar (vi, vt)	oynamak	[ojnamak]
buscar (vt)	aramak	[aramak]
caçar (vi)	avlamak	[avlamak]
cair (vi)	düşmek	[dyʃmek]
cavar (vt)	kazmak	[kazmak]
chamar (~ por socorro)	çağırmak	[tʃaırmak]

chegar (vi)	gelmek	[gelmek]
chorar (vi)	ağlamak	[aalamak]
começar (vt)	başlamak	[baʃlamak]
comparar (vt)	karşılaştırmak	[karʃılaʃtırmak]
concordar (dizer "sim")	razı olmak	[razı olmak]
confiar (vt)	güvenmek	[gyvenmek]

15

confundir (equivocar-se)	ayırt edememek	[ajırt edememek]
conhecer (vt)	tanımak	[tanımak]
contar (fazer contas)	saymak	[sajmak]
contar com …	… güvenmek	[gyvenmek]
continuar (vt)	devam etmek	[devam etmek]
controlar (vt)	kontrol etmek	[kontrol etmek]
convidar (vt)	davet etmek	[davet etmek]
correr (vi)	koşmak	[koʃmak]
criar (vt)	oluşturmak	[oluʃturmak]
custar (vt)	değerinde olmak	[deerinde olmak]

11. Os verbos mais importantes. Parte 2

dar (vt)	vermek	[vermek]
dar uma dica	ipucu vermek	[ipudʒu vermek]
decorar (enfeitar)	süslemek	[syslemek]
defender (vt)	savunmak	[savunmak]
deixar cair (vt)	düşürmek	[dyʃyrmek]
descer (para baixo)	aşağı inmek	[aʃaı inmek]
desculpar (vt)	affetmek	[afetmek]
desculpar-se (vr)	özür dilemek	[øzyr dilemek]
dirigir (~ uma empresa)	yönetmek	[jønetmek]
discutir (notícias, etc.)	görüşmek	[gøryʃmek]
disparar, atirar (vi)	ateş etmek	[ateʃ etmek]
dizer (vt)	söylemek	[søjlemek]
duvidar (vt)	tereddüt etmek	[tereddyt etmek]
encontrar (achar)	bulmak	[bulmak]
enganar (vt)	aldatmak	[aldatmak]
entender (vt)	anlamak	[anlamak]
entrar (na sala, etc.)	girmek	[girmek]
enviar (uma carta)	göndermek	[gøndermek]
errar (enganar-se)	hata yapmak	[hata japmak]
escolher (vt)	seçmek	[setʃmek]
esconder (vt)	saklamak	[saklamak]
escrever (vt)	yazmak	[jazmak]
esperar (aguardar)	beklemek	[beklemek]
esperar (ter esperança)	ummak	[ummak]
esquecer (vt)	unutmak	[unutmak]
estudar (vt)	öğrenmek	[ø:renmek]
exigir (vt)	talep etmek	[talep etmek]
existir (vi)	var olmak	[var olmak]
explicar (vt)	izah etmek	[izah etmek]
falar (vi)	konuşmak	[konuʃmak]
faltar (a la escuela, etc.)	gelmemek	[gelmemek]
fazer (vt)	yapmak, etmek	[japmak], [etmek]
ficar em silêncio	susmak	[susmak]
gabar-se (vr)	övünmek	[øvynmek]

gostar (apreciar)	hoşlanmak	[hoʃlanmak]
gritar (vi)	bağırmak	[baırmak]
guardar (fotos, etc.)	saklamak	[saklamak]
informar (vt)	bilgi vermek	[bilgi vermek]
insistir (vi)	ısrar etmek	[ısrar etmek]
insultar (vt)	hakaret etmek	[hakaret etmek]
interessar-se (vr)	ilgilenmek	[ilgilenmek]
ir (a pé)	yürümek, gitmek	[jurymek], [gitmek]
ir nadar	suya girmek	[suja girmek]
jantar (vi)	akşam yemeği yemek	[akʃam jemei jemek]

12. Os verbos mais importantes. Parte 3

ler (vt)	okumak	[okumak]
libertar, liberar (vt)	serbest bırakmak	[serbest bırakmak]
matar (vt)	öldürmek	[øldyrmek]
mencionar (vt)	anmak	[anmak]
mostrar (vt)	göstermek	[gøstermek]
mudar (modificar)	değiştirmek	[deiʃtirmek]
nadar (vi)	yüzmek	[juzmek]
negar-se a ... (vr)	reddetmek	[reddetmek]
objetar (vt)	itiraz etmek	[itiraz etmek]
observar (vt)	gözlemlemek	[gøzlemlemek]
ordenar (mil.)	emretmek	[emretmek]
ouvir (vt)	duymak	[dujmak]
pagar (vt)	ödemek	[ødemek]
parar (vi)	durmak	[durmak]
parar, cessar (vt)	durdurmak	[durdurmak]
participar (vi)	katılmak	[katılmak]
pedir (comida, etc.)	sipariş etmek	[sipariʃ etmek]
pedir (um favor, etc.)	rica etmek	[ridʒa etmek]
pegar (tomar)	almak	[almak]
pegar (uma bola)	tutmak	[tutmak]
pensar (vi, vt)	düşünmek	[dyʃynmek]
perceber (ver)	farketmek	[farketmek]
perdoar (vt)	affetmek	[afetmek]
perguntar (vt)	sormak	[sormak]
permitir (vt)	izin vermek	[izin vermek]
pertencer a ... (vi)	... ait olmak	[ait olmak]
planejar (vt)	planlamak	[planlamak]
poder (~ fazer algo)	yapabilmek	[japabilmek]
possuir (uma casa, etc.)	sahip olmak	[sahip olmak]
preferir (vt)	tercih etmek	[terdʒih etmek]
preparar (vt)	pişirmek	[piʃirmek]
prever (vt)	önceden görmek	[øndʒeden gørmek]
prometer (vt)	vaat etmek	[vaat etmek]
pronunciar (vt)	telâffuz etmek	[telafuz etmek]

propor (vt)	önermek	[ønermek]
punir (castigar)	cezalandırmak	[dʒezalandırmak]
quebrar (vt)	kırmak	[kırmak]
queixar-se de ...	şikayet etmek	[ʃikajet etmek]
querer (desejar)	istemek	[istemek]

13. Os verbos mais importantes. Parte 4

ralhar, repreender (vt)	sövmek	[søvmek]
recomendar (vt)	tavsiye etmek	[tavsije etmek]
repetir (dizer outra vez)	tekrar etmek	[tekrar etmek]
reservar (~ um quarto)	rezerve etmek	[rezerve etmek]
responder (vt)	cevap vermek	[dʒevap vermek]

rezar, orar (vi)	dua etmek	[dua etmek]
rir (vi)	gülmek	[gylmek]
roubar (vt)	çalmak	[tʃalmak]
saber (vt)	bilmek	[bilmek]
sair (~ de casa)	çıkmak	[tʃıkmak]

salvar (resgatar)	kurtarmak	[kurtarmak]
seguir (~ alguém)	... takip etmek	[takip etmek]
sentar-se (vr)	oturmak	[oturmak]
ser necessário	gerekmek	[gerekmek]

ser, estar	olmak	[olmak]
significar (vt)	anlamına gelmek	[anlamına gelmek]
sorrir (vi)	gülümsemek	[gylymsemek]
subestimar (vt)	değerini bilmemek	[deerini bilmemek]
surpreender-se (vr)	şaşırmak	[ʃaʃırmak]

tentar (~ fazer)	denemek	[denemek]
ter (vt)	sahip olmak	[sahip olmak]
ter fome	yemek istemek	[jemek istemek]

ter medo	korkmak	[korkmak]
ter sede	içmek istemek	[itʃmek istemek]
tocar (com as mãos)	ellemek	[ellemek]
tomar café da manhã	kahvaltı yapmak	[kahvaltı japmak]
trabalhar (vi)	çalışmak	[tʃalıʃmak]
traduzir (vt)	çevirmek	[tʃevirmek]

unir (vt)	birleştirmek	[birleʃtirmek]
vender (vt)	satmak	[satmak]
ver (vt)	görmek	[gørmek]
virar (~ para a direita)	dönmek	[dønmek]
voar (vi)	uçmak	[utʃmak]

14. Cores

| cor (f) | renk | [renk] |
| tom (m) | renk tonu | [renk tonu] |

tonalidade (m)	renk tonu	[renk tonu]
arco-íris (m)	gökkuşağı	[gøkkuʃaɪ]

branco (adj)	beyaz	[bejaz]
preto (adj)	siyah	[sijah]
cinza (adj)	gri	[gri]

verde (adj)	yeşil	[jeʃil]
amarelo (adj)	sarı	[sarı]
vermelho (adj)	kırmızı	[kırmızı]

azul (adj)	mavi	[mavi]
azul claro (adj)	açık mavi	[atʃık mavi]
rosa (adj)	pembe	[pembe]
laranja (adj)	turuncu	[turundʒu]
violeta (adj)	mor	[mor]
marrom (adj)	kahve rengi	[kahve rengi]

dourado (adj)	altın	[altın]
prateado (adj)	gümüşü	[gymyʃy]

bege (adj)	bej rengi	[beʒ rengi]
creme (adj)	krem rengi	[krem rengi]
turquesa (adj)	turkuaz	[turkuaz]
vermelho cereja (adj)	vişne rengi	[viʃne rengi]
lilás (adj)	leylak rengi	[lejlak rengi]
carmim (adj)	koyu kırmızı	[koju kırmızı]

claro (adj)	açık	[atʃık]
escuro (adj)	koyu	[koju]
vivo (adj)	parlak	[parlak]

de cor	renkli	[renkli]
a cores	renkli	[renkli]
preto e branco (adj)	siyah-beyaz	[sijah bejaz]
unicolor (de uma só cor)	tek renkli	[tek renkli]
multicolor (adj)	rengârenk	[rengjarenk]

15. Questões

Quem?	Kim?	[kim]
O que?	Ne?	[ne]
Onde?	Nerede?	[nerede]
Para onde?	Nereye?	[nereje]
De onde?	Nereden?	[nereden]
Quando?	Ne zaman?	[ne zaman]
Para quê?	Neden?	[neden]
Por quê?	Neden?	[neden]

Para quê?	Ne için?	[ne itʃin]
Como?	Nasıl?	[nasıl]
Qual (~ é o problema?)	Hangi?	[hangi]
Qual (~ deles?)	Kaçıncı?	[katʃındʒı]
A quem?	Kime?	[kime]

De quem?	Kim hakkında?	[kim hakında]
Do quê?	Ne hakkında?	[ne hakkında]
Com quem?	Kimle?	[kimle]

Quantos? -as?	Ne kadar?	[ne kadar]
Quanto?	Kaç?	[katʃ]
De quem? (masc.)	Kimin?	[kimin]

16. Preposições

com (prep.)	... -ile, ... -le, ... -la	[ile], [le], [la]
sem (prep.)	... -sız, ... -suz	[sız], [suz]
a, para (exprime lugar)	... -e, ... -a	[e], [a]
sobre (ex. falar ~)	hakkında	[hakkında]
antes de ...	önce	[øndʒe]
em frente de ...	önünde	[ønynde]

debaixo de ...	altında	[altında]
sobre (em cima de)	üstünde	[ystynde]
em ..., sobre ...	üstüne	[ystyne]
de, do (sou ~ Rio de Janeiro)	... -den, ... -dan	[den], [dan]
de (feito ~ pedra)	... -den, ... -dan	[den], [dan]

| em (~ 3 dias) | sonra | [sonra] |
| por cima de ... | üstünden | [ystynden] |

17. Palavras funcionais. Advérbios. Parte 1

Onde?	Nerede?	[nerede]
aqui	burada	[burada]
lá, ali	orada	[orada]

| em algum lugar | bir yerde | [bir jerde] |
| em lugar nenhum | hiç bir yerde | [hitʃ birj jerde] |

| perto de ... | ... yanında | [janında] |
| perto da janela | pencerenin yanında | [pendʒerenin janında] |

Para onde?	Nereye?	[nereje]
aqui	buraya	[buraja]
para lá	oraya	[oraja]
daqui	buradan	[buradan]
de lá, dali	oradan	[oradan]

| perto | yakında | [jakında] |
| longe | uzağa | [uzaa] |

perto de ...	yakında	[jakında]
à mão, perto	yakınında	[jakınında]
não fica longe	civarında	[dʒivarında]
esquerdo (adj)	sol	[sol]
à esquerda	solda	[solda]

para a esquerda	sola	[sola]
direito (adj)	sağ	[saa]
à direita	sağda	[saada]
para a direita	sağa	[saa]

em frente	önde	[ønde]
da frente	ön	[øn]
adiante (para a frente)	ileri	[ileri]

atrás de ...	arkada	[arkada]
de trás	arkadan	[arkadan]
para trás	geriye	[gerije]

| meio (m), metade (f) | orta | [orta] |
| no meio | ortasında | [ortasında] |

do lado	kenarda	[kenarda]
em todo lugar	her yerde	[her jerde]
por todos os lados	çevrede	[tʃevrede]

de dentro	içeriden	[itʃeriden]
para algum lugar	bir yere	[bir jere]
diretamente	dosdoğru	[dosdooru]
de volta	geri	[geri]

| de algum lugar | bir yerden | [bir jerden] |
| de algum lugar | bir yerden | [bir jerden] |

em primeiro lugar	ilk olarak	[ilk olarak]
em segundo lugar	ikinci olarak	[ikindʒi olarak]
em terceiro lugar	üçüncü olarak	[ytʃundʒy olarak]

de repente	birdenbire	[birdenbire]
no início	başlangıçta	[baʃlangıtʃta]
pela primeira vez	ilk kez	[ilk kez]
muito antes de ...	çok daha önce ...	[tʃok daa øndʒe]
de novo	yeniden	[jeniden]
para sempre	sonsuza kadar	[sonsuza kadar]

nunca	hiçbir zaman	[hitʃbir zaman]
de novo	tekrar	[tekrar]
agora	şimdi	[ʃimdi]
frequentemente	sık	[sık]
então	o zaman	[o zaman]
urgentemente	acele	[adʒele]
normalmente	genellikle	[genellikle]

a propósito, ...	aklıma gelmişken, ...	[aklıma gelmiʃken]
é possível	mümkündür	[mymkyndyr]
provavelmente	muhtemelen	[muhtemelen]
talvez	olabilir	[olabilir]
além disso, ...	ayrıca ...	[ajrıdʒa]
por isso ...	onun için	[onun itʃin]
apesar de ...	rağmen ...	[raamen]
graças a ...	... sayesinde	[sajesinde]
que (pron.)	ne	[ne]

que (conj.)	... -ki, ... -dığı, ... -diği	[ki], [dɯ:ɯ], [di:i]
algo	bir şey	[bir ʃej]
alguma coisa	bir şey	[bir ʃej]
nada	hiçbir şey	[hitʃbir ʃej]

quem	kim	[kim]
alguém (~ que ...)	birisi	[birisɯ]
alguém (com ~)	birisi	[birisɯ]

ninguém	hiç kimse	[hitʃ kimse]
para lugar nenhum	hiçbir yere	[hitʃbir jere]
de ninguém	kimsesiz	[kimsesiz]
de alguém	birinin	[birinin]

tão	öylesine	[øjlesine]
também (gostaria ~ de ...)	dahi, ayrıca	[dahi], [ajrɯdʒa]
também (~ eu)	da	[da]

18. Palavras funcionais. Advérbios. Parte 2

Por quê?	Neden?	[neden]
por alguma razão	nedense	[nedense]
porque ...	çünkü	[tʃynky]
por qualquer razão	her nedense	[her nedense]

e (tu ~ eu)	ve	[ve]
ou (ser ~ não ser)	veya	[veja]
mas (porém)	fakat	[fakat]
para (~ a minha mãe)	için	[itʃin]

muito, demais	fazla	[fazla]
só, somente	ancak	[andʒak]
exatamente	tam	[tam]
cerca de (~ 10 kg)	yaklaşık	[jaklaʃɯk]

aproximadamente	yaklaşık olarak	[jaklaʃɯk olarak]
aproximado (adj)	yaklaşık	[jaklaʃɯk]
quase	hemen	[hemen]
resto (m)	geri kalan	[geri kalan]

cada (adj)	her biri	[her biri]
qualquer (adj)	herhangi biri	[herhangi biri]
muito, muitos, muitas	çok	[tʃok]
muitas pessoas	birçokları	[birtʃokları]
todos	hepsi, herkes	[hepsi], [herkez]

em troca de ...	... karşılık olarak	[karʃɯlɯk olarak]
em troca	yerine	[jerine]
à mão	elle, el ile	[elle], [el ile]
pouco provável	şüpheli	[ʃypheli]

provavelmente	galiba	[galiba]
de propósito	mahsus	[mahsus]
por acidente	tesadüfen	[tesadyfen]

muito	pek	[pek]
por exemplo	mesela	[mesela]
entre	arasında	[arasında]
entre (no meio de)	ortasında	[ortasında]
tanto	kadar	[kadar]
especialmente	özellikle	[øzelikle]

Conceitos básicos. Parte 2

19. Dias da semana

segunda-feira (f)	**Pazartesi**	[pazartesi]
terça-feira (f)	**Salı**	[salı]
quarta-feira (f)	**Çarşamba**	[tʃarʃamba]
quinta-feira (f)	**Perşembe**	[perʃembe]
sexta-feira (f)	**Cuma**	[dʒuma]
sábado (m)	**Cumartesi**	[dʒumartesi]
domingo (m)	**Pazar**	[pazar]
hoje	**bugün**	[bugyn]
amanhã	**yarın**	[jarın]
depois de amanhã	**öbür gün**	[øbyr gyn]
ontem	**dün**	[dyn]
anteontem	**evvelki gün**	[evvelki gyn]
dia (m)	**gün**	[gyn]
dia (m) de trabalho	**iş günü**	[iʃ gyny]
feriado (m)	**bayram günü**	[bajram gyny]
dia (m) de folga	**tatil günü**	[tatil gyny]
fim (m) de semana	**hafta sonu**	[hafta sonu]
o dia todo	**bütün gün**	[bytyn gyn]
no dia seguinte	**ertesi gün**	[ertesi gyn]
há dois dias	**iki gün önce**	[iki gyn øndʒe]
na véspera	**bir gün önce**	[bir gyn øndʒe]
diário (adj)	**günlük**	[gynlyk]
todos os dias	**her gün**	[her gyn]
semana (f)	**hafta**	[hafta]
na semana passada	**geçen hafta**	[getʃen hafta]
semana que vem	**gelecek hafta**	[geldʒek hafta]
semanal (adj)	**haftalık**	[haftalık]
toda semana	**her hafta**	[her hafta]
duas vezes por semana	**haftada iki kez**	[haftada iki kez]
toda terça-feira	**her Salı**	[her salı]

20. Horas. Dia e noite

manhã (f)	**sabah**	[sabah]
de manhã	**sabahleyin**	[sabahlejin]
meio-dia (m)	**öğle, gün ortası**	[ø:le], [gyn ortası]
à tarde	**öğleden sonra**	[ø:leden sonra]
tardinha (f)	**akşam**	[akʃam]
à tardinha	**akşamleyin**	[akʃamlejin]

noite (f)	gece	[gedʒe]
à noite	geceleyin	[gedʒelejin]
meia-noite (f)	gece yarısı	[gedʒe jarısı]

segundo (m)	saniye	[sanije]
minuto (m)	dakika	[dakika]
hora (f)	saat	[saat]
meia hora (f)	yarım saat	[jarım saat]
quarto (m) de hora	çeyrek saat	[tʃejrek saat]
quinze minutos	on beş dakika	[on beʃ dakika]
vinte e quatro horas	yirmi dört saat	[jirmi dørt saat]

nascer (m) do sol	güneşin doğuşu	[gyneʃin douʃu]
amanhecer (m)	şafak	[ʃafak]
madrugada (f)	sabah erken	[sabah erken]
pôr-do-sol (m)	güneş batışı	[gyneʃ batıʃı]

de madrugada	sabahın köründe	[sabahın kørynde]
esta manhã	bu sabah	[bu sabah]
amanhã de manhã	yarın sabah	[jarın sabah]

esta tarde	bu ikindi	[bu ikindi]
à tarde	öğleden sonra	[ø:leden sonra]
amanhã à tarde	yarın öğleden sonra	[jarın ø:leden sonra]

esta noite, hoje à noite	bu akşam	[bu akʃam]
amanhã à noite	yarın akşam	[jarın akʃam]

às três horas em ponto	tam saat üçte	[tam saat ytʃte]
por volta das quatro	saat dört civarında	[saat dørt dʒivarında]
às doze	saat on ikiye doğru	[saat on ikije dooru]

em vinte minutos	yirmi dakika içinde	[jirmi dakika itʃinde]
em uma hora	bir saat sonra	[bir saat sonra]
a tempo	zamanında	[zamanında]

... um quarto para	çeyrek kala	[tʃejrek kala]
dentro de uma hora	bir saat içinde	[bir saat itʃinde]
a cada quinze minutos	her on beş dakika	[her on beʃ dakika]
as vinte e quatro horas	gece gündüz	[gedʒe gyndyz]

21. Meses. Estações

janeiro (m)	ocak	[odʒak]
fevereiro (m)	şubat	[ʃubat]
março (m)	mart	[mart]
abril (m)	nisan	[nisan]
maio (m)	mayıs	[majıs]
junho (m)	haziran	[haziran]

julho (m)	temmuz	[temmuz]
agosto (m)	ağustos	[austos]
setembro (m)	eylül	[ejlyl]
outubro (m)	ekim	[ekim]

novembro (m)	kasım	[kasım]
dezembro (m)	aralık	[aralık]

primavera (f)	ilkbahar	[ilkbahar]
na primavera	ilkbaharda	[ilkbaharda]
primaveril (adj)	ilkbahar	[ilkbahar]

verão (m)	yaz	[jaz]
no verão	yazın	[jazın]
de verão	yaz	[jaz]

outono (m)	sonbahar	[sonbahar]
no outono	sonbaharda	[sonbaharda]
outonal (adj)	sonbahar	[sonbahar]

inverno (m)	kış	[kıʃ]
no inverno	kışın	[kıʃin]
de inverno	kış, kışlık	[kıʃ], [kıʃlık]

mês (m)	ay	[aj]
este mês	bu ay	[bu aj]
mês que vem	gelecek ay	[geledʒek aj]
no mês passado	geçen ay	[getʃen aj]

um mês atrás	bir ay önce	[bir aj øndʒe]
em um mês	bir ay sonra	[bir aj sonra]
em dois meses	iki ay sonra	[iki aj sonra]
todo o mês	tüm ay	[tym aj]
um mês inteiro	bütün ay	[bytyn aj]

mensal (adj)	aylık	[ajlık]
mensalmente	her ay	[her aj]
todo mês	her ay	[her aj]
duas vezes por mês	ayda iki kez	[ajda iki kez]

ano (m)	yıl, sene	[jıl], [sene]
este ano	bu sene, bu yıl	[bu sene], [bu jıl]
ano que vem	gelecek sene	[geledʒek sene]
no ano passado	geçen sene	[getʃen sene]

há um ano	bir yıl önce	[bir jıl øndʒe]
em um ano	bir yıl sonra	[bir jıl sonra]
dentro de dois anos	iki yıl sonra	[iki jıl sonra]
todo o ano	tüm yıl	[tym jıl]
um ano inteiro	bütün yıl	[bytyn jıl]

cada ano	her sene	[her sene]
anual (adj)	yıllık	[jıllık]
anualmente	her yıl	[her jıl]
quatro vezes por ano	yılda dört kere	[jılda dørt kere]

data (~ de hoje)	tarih	[tarih]
data (ex. ~ de nascimento)	tarih	[tarih]
calendário (m)	takvim	[takvim]
meio ano	yarım yıl	[jarım jıl]
seis meses	altı ay	[altı aj]

| estação (f) | mevsim | [mevsim] |
| século (m) | yüzyıl | [juzjıl] |

22. Unidades de medida

peso (m)	ağırlık	[aırlık]
comprimento (m)	uzunluk	[uzunluk]
largura (f)	en, genişlik	[en], [geniʃlik]
altura (f)	yükseklik	[jukseklik]
profundidade (f)	derinlik	[derinlik]
volume (m)	hacim	[hadʒim]
área (f)	alan	[alan]

grama (m)	gram	[gram]
miligrama (m)	miligram	[miligram]
quilograma (m)	kilogram	[kilogram]
tonelada (f)	ton	[ton]
libra (453,6 gramas)	libre	[libre]
onça (f)	ons	[ons]

metro (m)	metre	[metre]
milímetro (m)	milimetre	[milimetre]
centímetro (m)	santimetre	[santimetre]
quilômetro (m)	kilometre	[kilometre]
milha (f)	mil	[mil]

polegada (f)	inç	[intʃ]
pé (304,74 mm)	kadem	[kadem]
jarda (914,383 mm)	yarda	[jarda]

| metro (m) quadrado | metre kare | [metre kare] |
| hectare (m) | hektar | [hektar] |

litro (m)	litre	[litre]
grau (m)	derece	[deredʒe]
volt (m)	volt	[volt]
ampère (m)	amper	[amper]
cavalo (m) de potência	beygir gücü	[bejgir gydʒy]

quantidade (f)	miktar	[miktar]
um pouco de ...	biraz ...	[biraz]
metade (f)	yarım	[jarım]

| dúzia (f) | düzine | [dyzine] |
| peça (f) | adet, tane | [adet], [tane] |

| tamanho (m), dimensão (f) | boyut | [bojut] |
| escala (f) | ölçek | [øltʃek] |

mínimo (adj)	minimum	[minimum]
menor, mais pequeno	en küçük	[en kytʃuk]
médio (adj)	orta	[orta]
máximo (adj)	maksimum	[maksimum]
maior, mais grande	en büyük	[en byjuk]

23. Recipientes

pote (m) de vidro	**kavanoz**	[kavanoz]
lata (~ de cerveja)	**teneke**	[teneke]
balde (m)	**kova**	[kova]
barril (m)	**fıçı, varil**	[fıtʃı], [varil]
bacia (~ de plástico)	**leğen**	[leen]
tanque (m)	**tank**	[tank]
cantil (m) de bolso	**matara**	[matara]
galão (m) de gasolina	**benzin bidonu**	[benzin bidonu]
cisterna (f)	**sarnıç**	[sarnıtʃ]
caneca (f)	**kupa**	[kupa]
xícara (f)	**fincan**	[findʒan]
pires (m)	**fincan tabağı**	[findʒan tabaı]
copo (m)	**bardak**	[bardak]
taça (f) de vinho	**kadeh**	[kade]
panela (f)	**tencere**	[tendʒere]
garrafa (f)	**şişe**	[ʃiʃe]
gargalo (m)	**boğaz**	[boaz]
jarra (f)	**sürahi**	[syrahi]
jarro (m)	**testi**	[testi]
recipiente (m)	**kap**	[kap]
pote (m)	**çömlek**	[tʃømlek]
vaso (m)	**vazo**	[vazo]
frasco (~ de perfume)	**şişe**	[ʃiʃe]
frasquinho (m)	**küçük şişe**	[kytʃuk ʃiʃe]
tubo (m)	**tüp**	[typ]
saco (ex. ~ de açúcar)	**poşet, torba**	[poʃet], [torba]
sacola (~ plastica)	**çuval**	[tʃuval]
maço (de cigarros, etc.)	**paket**	[paket]
caixa (~ de sapatos, etc.)	**kutu**	[kutu]
caixote (~ de madeira)	**sandık**	[sandık]
cesto (m)	**sepet**	[sepet]

O SER HUMANO

O ser humano. O corpo

24. Cabeça

cabeça (f)	baş	[baʃ]
rosto, cara (f)	yüz	[juz]
nariz (m)	burun	[burun]
boca (f)	ağız	[aız]
olho (m)	göz	[gøz]
olhos (m pl)	gözler	[gøzler]
pupila (f)	göz bebeği	[gøz bebeı]
sobrancelha (f)	kaş	[kaʃ]
cílio (f)	kirpik	[kirpik]
pálpebra (f)	göz kapağı	[gøz kapaı]
língua (f)	dil	[dil]
dente (m)	diş	[diʃ]
lábios (m pl)	dudaklar	[dudaklar]
maçãs (f pl) do rosto	elmacık kemiği	[elmadʒık kemi:i]
gengiva (f)	dişeti	[diʃeti]
palato (m)	damak	[damak]
narinas (f pl)	burun deliği	[burun deli:i]
queixo (m)	çene	[tʃene]
mandíbula (f)	çene	[tʃene]
bochecha (f)	yanak	[janak]
testa (f)	alın	[alın]
têmpora (f)	şakak	[ʃakak]
orelha (f)	kulak	[kulak]
costas (f pl) da cabeça	ense	[ense]
pescoço (m)	boyun	[bojun]
garganta (f)	boğaz	[boaz]
cabelo (m)	saçlar	[satʃlar]
penteado (m)	saç	[satʃ]
corte (m) de cabelo	saç biçimi	[satʃ bitʃimi]
peruca (f)	peruk	[peryk]
bigode (m)	bıyık	[bıjık]
barba (f)	sakal	[sakal]
ter (~ barba, etc.)	uzatmak, bırakmak	[uzatmak], [bırakmak]
trança (f)	saç örgüsü	[satʃ ørgysy]
suíças (f pl)	favori	[favori]
ruivo (adj)	kızıl saçlı	[kızıl satʃlı]
grisalho (adj)	kır	[kır]

| careca (adj) | kel | [kel] |
| calva (f) | dazlak yer | [dazlak jer] |

| rabo-de-cavalo (m) | kuyruk | [kujruk] |
| franja (f) | kakül | [kakyl] |

25. Corpo humano

| mão (f) | el | [el] |
| braço (m) | kol | [kol] |

dedo (m)	parmak	[parmak]
dedo (m) do pé	ayak parmağı	[ajak parmaı]
polegar (m)	başparmak	[baʃ parmak]
dedo (m) mindinho	küçük parmak	[kytʃuk parmak]
unha (f)	tırnak	[tırnak]

punho (m)	yumruk	[jumruk]
palma (f)	avuç	[avutʃ]
pulso (m)	bilek	[bilek]
antebraço (m)	önkol	[ønkol]
cotovelo (m)	dirsek	[dirsek]
ombro (m)	omuz	[omuz]

perna (f)	bacak	[badʒak]
pé (m)	ayak	[ajak]
joelho (m)	diz	[diz]
panturrilha (f)	baldır	[baldır]
quadril (m)	kalça	[kaltʃa]
calcanhar (m)	topuk	[topuk]

corpo (m)	vücut	[vydʒut]
barriga (f), ventre (m)	karın	[karın]
peito (m)	göğüs	[gøjus]
seio (m)	göğüs	[gøjus]
lado (m)	yan	[jan]
costas (dorso)	sırt	[sırt]
região (f) lombar	alt bel	[alt bel]
cintura (f)	bel	[bel]

umbigo (m)	göbek	[gøbek]
nádegas (f pl)	kaba et	[kaba et]
traseiro (m)	kıç	[kıtʃ]

sinal (m), pinta (f)	ben	[ben]
sinal (m) de nascença	doğum lekesi	[doum lekesi]
tatuagem (f)	dövme	[døvme]
cicatriz (f)	yara izi	[jara izi]

Vestuário & Acessórios

26. Roupa exterior. Casacos

roupa (f)	elbise, kıyafet	[elbise], [kıjafet]
roupa (f) exterior	üst kıyafet	[yst kıjafet]
roupa (f) de inverno	kışlık kıyafet	[kıʃlık kıjafet]
sobretudo (m)	palto	[palto]
casaco (m) de pele	kürk manto	[kyrk manto]
jaqueta (f) de pele	kürk ceket	[kyrk dʒeket]
casaco (m) acolchoado	ceket aşağı	[dʒeket aʃaı]
casaco (m), jaqueta (f)	ceket	[dʒeket]
impermeável (m)	trençkot	[trentʃkot]
a prova d'água	su geçirmez	[su getʃirmez]

27. Vestuário de homem & mulher

camisa (f)	gömlek	[gømlek]
calça (f)	pantolon	[pantolon]
jeans (m)	kot pantolon	[kot pantolon]
paletó, terno (m)	ceket	[dʒeket]
terno (m)	takım elbise	[takım elbise]
vestido (ex. ~ de noiva)	elbise, kıyafet	[elbise], [kıjafet]
saia (f)	etek	[etek]
blusa (f)	gömlek, bluz	[gømlek], [bluz]
casaco (m) de malha	hırka	[hırka]
casaco, blazer (m)	ceket	[dʒeket]
camiseta (f)	tişört	[tiʃørt]
short (m)	şort	[ʃort]
training (m)	eşofman	[eʃofman]
roupão (m) de banho	bornoz	[bornoz]
pijama (m)	pijama	[piʒama]
suéter (m)	süveter	[syveter]
pulôver (m)	pulover	[pulover]
colete (m)	yelek	[jelek]
fraque (m)	frak	[frak]
smoking (m)	smokin	[smokin]
uniforme (m)	üniforma	[yniforma]
roupa (f) de trabalho	iş elbisesi	[iʃ elbisesi]
macacão (m)	tulum	[tulum]
jaleco (m), bata (f)	önlük	[ønlyk]

28. Vestuário. Roupa interior

roupa (f) íntima	iç çamaşırı	[itʃ tʃamaʃırı]
cueca boxer (f)	şort külot	[ʃort kylot]
calcinha (f)	bayan külot	[bajan kylot]
camiseta (f)	atlet	[atlet]
meias (f pl)	kısa çorap	[kısa tʃorap]
camisola (f)	gecelik	[gedʒelik]
sutiã (m)	sutyen	[sutjen]
meias longas (f pl)	diz hizası çorap	[diz hizası tʃorap]
meias-calças (f pl)	külotlu çorap	[kyløtly tʃorap]
meias (~ de nylon)	çorap	[tʃorap]
maiô (m)	mayo	[majo]

29. Adereços de cabeça

chapéu (m), touca (f)	şapka	[ʃapka]
chapéu (m) de feltro	fötr şapka	[føtr ʃapka]
boné (m) de beisebol	beyzbol şapkası	[bejzbol ʃapkası]
boina (~ italiana)	kasket	[kasket]
boina (ex. ~ basca)	bere	[bere]
capuz (m)	kapüşon	[kapyʃon]
chapéu panamá (m)	panama	[panama]
touca (f)	örgü şapka	[ørgy ʃapka]
lenço (m)	başörtüsü	[baʃ ørtysy]
chapéu (m) feminino	kadın şapkası	[kadın ʃapkası]
capacete (m) de proteção	baret, kask	[baret], [kask]
bibico (m)	kayık kep	[kajık kep]
capacete (m)	kask	[kask]
chapéu-coco (m)	melon şapka	[melon ʃapka]
cartola (f)	silindir şapka	[silindir ʃapka]

30. Calçado

calçado (m)	ayakkabı	[ajakkabı]
botinas (f pl), sapatos (m pl)	potinler	[potinler]
sapatos (de salto alto, etc.)	ayakkabılar	[ajakkabılar]
botas (f pl)	çizmeler	[tʃizmeler]
pantufas (f pl)	terlik	[terlik]
tênis (~ Nike, etc.)	tenis ayakkabısı	[tenis ajakkabısı]
tênis (~ Converse)	spor ayakkabısı	[spor ajakkabısı]
sandálias (f pl)	sandalet	[sandalet]
sapateiro (m)	ayakkabıcı	[ajakkabıdʒı]
salto (m)	topuk	[topuk]

par (m)	bir çift ayakkabı	[bir tʃift ajakkabı]
cadarço (m)	bağ	[baa]
amarrar os cadarços	bağlamak	[baalamak]
calçadeira (f)	kaşık	[kaʃık]
graxa (f) para calçado	ayakkabı boyası	[ajakkabı bojası]

31. Acessórios pessoais

luva (f)	eldiven	[eldiven]
mitenes (f pl)	tek parmaklı eldiven	[tek parmaklı eldiven]
cachecol (m)	atkı	[atkı]

óculos (m pl)	gözlük	[gøzlyk]
armação (f)	çerçeve	[tʃertʃeve]
guarda-chuva (m)	şemsiye	[ʃemsije]
bengala (f)	baston	[baston]
escova (f) para o cabelo	saç fırçası	[satʃ firtʃası]
leque (m)	yelpaze	[jelpaze]

gravata (f)	kravat	[kravat]
gravata-borboleta (f)	papyon	[papjon]
suspensórios (m pl)	pantolon askısı	[pantolon askısı]
lenço (m)	mendil	[mendil]

pente (m)	tarak	[tarak]
fivela (f) para cabelo	toka	[toka]
grampo (m)	firkete	[firkete]
fivela (f)	kemer tokası	[kemer tokası]

| cinto (m) | kemer | [kemer] |
| alça (f) de ombro | kayış | [kajıʃ] |

bolsa (f)	çanta	[tʃanta]
bolsa (feminina)	bayan çantası	[bajan tʃantası]
mochila (f)	arka çantası	[arka tʃantası]

32. Vestuário. Diversos

moda (f)	moda	[moda]
na moda (adj)	modaya uygun	[modaja ujgun]
estilista (m)	modelci	[modeldʒi]

colarinho (m)	yaka	[jaka]
bolso (m)	cep	[dʒep]
de bolso	cep	[dʒep]
manga (f)	kol	[kol]
ganchinho (m)	askı	[askı]
bragueta (f)	pantolon fermuarı	[pantolon fermuarı]

zíper (m)	fermuar	[fermuar]
colchete (m)	kopça	[koptʃa]
botão (m)	düğme	[dyjme]

botoeira (casa de botão)	düğme iliği	[dyjme ili:i]
soltar-se (vr)	kopmak	[kopmak]

costurar (vi)	dikmek	[dikmek]
bordar (vt)	nakış işlemek	[nakıʃ iʃlemek]
bordado (m)	nakış	[nakıʃ]
agulha (f)	iğne	[i:ine]
fio, linha (f)	iplik	[iplik]
costura (f)	dikiş	[dikiʃ]

sujar-se (vr)	kirlenmek	[kirlenmek]
mancha (f)	leke	[leke]
amarrotar-se (vr)	buruşmak	[buruʃmak]
rasgar (vt)	yırtmak	[jırtmak]
traça (f)	güve	[gyve]

33. Cuidados pessoais. Cosméticos

pasta (f) de dente	diş macunu	[diʃ madʒunu]
escova (f) de dente	diş fırçası	[diʃ fırʧası]
escovar os dentes	dişlerini fırçalamak	[diʃlerini fırʧalamak]

gilete (f)	jilet	[ʒilet]
creme (m) de barbear	tıraş kremi	[tıraʃ kremi]
barbear-se (vr)	tıraş olmak	[tıraʃ olmak]

sabonete (m)	sabun	[sabun]
xampu (m)	şampuan	[ʃampuan]

tesoura (f)	makas	[makas]
lixa (f) de unhas	tırnak törpüsü	[tırnak tørpysy]
corta-unhas (m)	tırnak makası	[tırnak makası]
pinça (f)	cımbız	[dʒımbız]

cosméticos (m pl)	kozmetik	[kozmetik]
máscara (f)	yüz maskesi	[juz maskesi]
manicure (f)	manikür	[manikyr]
fazer as unhas	manikür yapmak	[manikyr japmak]
pedicure (f)	pedikür	[pedikyr]

bolsa (f) de maquiagem	makyaj çantası	[makjaʒ ʧantası]
pó (de arroz)	pudra	[pudra]
pó (m) compacto	pudralık	[pudralık]
blush (m)	allık	[allık]

perfume (m)	parfüm	[parfym]
água-de-colônia (f)	parfüm suyu	[parfym suju]
loção (f)	losyon	[losjon]
colônia (f)	kolonya	[kolonja]

sombra (f) de olhos	far	[far]
delineador (m)	göz kalemi	[gøz kalemi]
máscara (f), rímel (m)	rimel	[rimel]
batom (m)	ruj	[ruʒ]

esmalte (m)	oje	[oʒe]
laquê (m), spray fixador (m)	saç spreyi	[satʃ spreji]
desodorante (m)	deodorant	[deodorant]

creme (m)	krem	[krem]
creme (m) de rosto	yüz kremi	[juz kremi]
creme (m) de mãos	el kremi	[el kremi]
creme (m) antirrugas	kırışıklık giderici krem	[kırıʃıklık gideridʒi krem]
creme (m) de dia	gündüz kremi	[gyndyz krem]
creme (m) de noite	gece kremi	[gedʒe kremi]
de dia	gündüz	[gyndyz]
da noite	gece	[gedʒe]

absorvente (m) interno	tampon	[tampon]
papel (m) higiênico	tuvalet kağıdı	[tuvalet kaıdı]
secador (m) de cabelo	saç kurutma makinesi	[satʃ kurutma makinesi]

34. Relógios de pulso. Relógios

relógio (m) de pulso	el saati	[el saati]
mostrador (m)	kadran	[kadran]
ponteiro (m)	akrep, yelkovan	[akrep], [jelkovan]
bracelete (em aço)	metal kordon	[metal kordon]
bracelete (em couro)	kayış	[kajıʃ]

pilha (f)	pil	[pil]
acabar (vi)	bitmek	[bitmek]
trocar a pilha	pil değiştirmek	[pil deiʃtirmek]
estar adiantado	ileri gitmek	[ileri gitmek]
estar atrasado	geride kalmak	[geride kalmak]

relógio (m) de parede	duvar saati	[duvar saati]
ampulheta (f)	kum saati	[kum saati]
relógio (m) de sol	güneş saati	[gyneʃ saati]
despertador (m)	çalar saat	[tʃalar saat]
relojoeiro (m)	saatçi	[saatʃi]
reparar (vt)	tamir etmek	[tamir etmek]

Alimentação. Nutrição

35. Comida

carne (f)	et	[et]
galinha (f)	tavuk eti	[tavuk eti]
frango (m)	civciv	[dʒiv dʒiv]
pato (m)	ördek	[ørdek]
ganso (m)	kaz	[kaz]
caça (f)	av hayvanları	[av hajvanları]
peru (m)	hindi	[hindi]
carne (f) de porco	domuz eti	[domuz eti]
carne (f) de vitela	dana eti	[dana eti]
carne (f) de carneiro	koyun eti	[kojun eti]
carne (f) de vaca	sığır eti	[sɯːɾ eti]
carne (f) de coelho	tavşan eti	[tavʃan eti]
linguiça (f), salsichão (m)	sucuk, sosis	[sudʒuk], [sosis]
salsicha (f)	sosis	[sosis]
bacon (m)	domuz pastırması	[domuz pastırması]
presunto (m)	jambon	[ʒambon]
pernil (m) de porco	tütsülenmiş jambon	[tytsylenmiʃ ʒambon]
patê (m)	ezme	[ezme]
fígado (m)	karaciğer	[karadʒier]
guisado (m)	kıyma	[kɯjma]
língua (f)	dil	[dil]
ovo (m)	yumurta	[jumurta]
ovos (m pl)	yumurtalar	[jumurtalar]
clara (f) de ovo	yumurta akı	[jumurta akı]
gema (f) de ovo	yumurta sarısı	[jumurta sarısı]
peixe (m)	balık	[balık]
mariscos (m pl)	deniz ürünleri	[deniz yrynleri]
caviar (m)	havyar	[havjar]
caranguejo (m)	yengeç	[jengetʃ]
camarão (m)	karides	[karides]
ostra (f)	istiridye	[istiridje]
lagosta (f)	langust	[langust]
polvo (m)	ahtapot	[ahtapot]
lula (f)	kalamar	[kalamar]
esturjão (m)	mersin balığı	[mersin balɯːɯ]
salmão (m)	som balığı	[som balɯːɯ]
halibute (m)	pisi balığı	[pisi balɯːɯ]
bacalhau (m)	morina balığı	[morina balɯːɯ]
cavala, sarda (f)	uskumru	[uskumru]

atum (m)	ton balığı	[ton balı:ı]
enguia (f)	yılan balığı	[jılan balı:ı]
truta (f)	alabalık	[alabalık]
sardinha (f)	sardalye	[sardalje]
lúcio (m)	turna balığı	[turna balı:ı]
arenque (m)	ringa	[ringa]
pão (m)	ekmek	[ekmek]
queijo (m)	peynir	[pejnir]
açúcar (m)	şeker	[ʃeker]
sal (m)	tuz	[tuz]
arroz (m)	pirinç	[pirintʃ]
massas (f pl)	makarna	[makarna]
talharim, miojo (m)	erişte	[eriʃte]
manteiga (f)	tereyağı	[terejaı]
óleo (m) vegetal	bitkisel yağ	[bitkisel jaa]
óleo (m) de girassol	ayçiçeği yağı	[ajtʃitʃeı jaı]
margarina (f)	margarin	[margarin]
azeitonas (f pl)	zeytin	[zejtin]
azeite (m)	zeytin yağı	[zejtin jaı]
leite (m)	süt	[syt]
leite (m) condensado	yoğunlaştırılmış süt	[jounlaʃtırılmıʃ syt]
iogurte (m)	yoğurt	[jourt]
creme (m) azedo	ekşi krema	[ekʃi krema]
creme (m) de leite	süt kaymağı	[syt kajmaı]
maionese (f)	mayonez	[majonez]
creme (m)	krema	[krema]
grãos (m pl) de cereais	tane	[tane]
farinha (f)	un	[un]
enlatados (m pl)	konserve	[konserve]
flocos (m pl) de milho	mısır gevreği	[mısır gevrei]
mel (m)	bal	[bal]
geleia (m)	reçel, marmelat	[retʃel], [marmelat]
chiclete (m)	sakız, çiklet	[sakız], [tʃiklet]

36. Bebidas

água (f)	su	[su]
água (f) potável	içme suyu	[itʃme suju]
água (f) mineral	maden suyu	[maden suju]
sem gás (adj)	gazsız	[gazsız]
gaseificada (adj)	gazlı	[gazlı]
com gás	maden	[maden]
gelo (m)	buz	[buz]
com gelo	buzlu	[buzlu]

não alcoólico (adj)	alkolsüz	[alkolsyz]
refrigerante (m)	alkolsüz içki	[alkolsyz itʃki]
refresco (m)	soğuk meşrubat	[souk meʃrubat]
limonada (f)	limonata	[limonata]

bebidas (f pl) alcoólicas	alkollü içkiler	[alkolly itʃkiler]
vinho (m)	şarap	[ʃarap]
vinho (m) branco	beyaz şarap	[bejaz ʃarap]
vinho (m) tinto	kırmızı şarap	[kırmızı ʃarap]

licor (m)	likör	[likør]
champanhe (m)	şampanya	[ʃampanja]
vermute (m)	vermut	[vermut]

uísque (m)	viski	[viski]
vodca (f)	votka	[votka]
gim (m)	cin	[dʒin]
conhaque (m)	konyak	[konjak]
rum (m)	rom	[rom]

café (m)	kahve	[kahve]
café (m) preto	siyah kahve	[sijah kahve]
café (m) com leite	sütlü kahve	[sytly kahve]
cappuccino (m)	kaymaklı kahve	[kajmaklı kahve]
café (m) solúvel	hazır kahve	[hazır kahve]

leite (m)	süt	[syt]
coquetel (m)	kokteyl	[koktejl]
batida (f), milkshake (m)	sütlü kokteyl	[sytly koktejl]

suco (m)	meyve suyu	[mejve suju]
suco (m) de tomate	domates suyu	[domates suju]
suco (m) de laranja	portakal suyu	[portakal suju]
suco (m) fresco	taze meyve suyu	[taze mejve suju]

cerveja (f)	bira	[bira]
cerveja (f) clara	hafif bira	[hafif bira]
cerveja (f) preta	siyah bira	[sijah bira]

chá (m)	çay	[tʃaj]
chá (m) preto	siyah çay	[sijah tʃaj]
chá (m) verde	yeşil çay	[jeʃil tʃaj]

37. Vegetais

| vegetais (m pl) | sebze | [sebze] |
| verdura (f) | yeşillik | [jeʃilik] |

tomate (m)	domates	[domates]
pepino (m)	salatalık	[salatalık]
cenoura (f)	havuç	[havutʃ]
batata (f)	patates	[patates]
cebola (f)	soğan	[soan]
alho (m)	sarımsak	[sarımsak]

couve (f)	lahana	[lahana]
couve-flor (f)	karnabahar	[karnabahar]
couve-de-bruxelas (f)	Brüksel lâhanası	[bryksel lahanası]
brócolis (m pl)	brokoli	[brokoli]

beterraba (f)	pancar	[pandʒar]
berinjela (f)	patlıcan	[patlıdʒan]
abobrinha (f)	sakız kabağı	[sakız kabaı]
abóbora (f)	kabak	[kabak]
nabo (m)	şalgam	[ʃalgam]

salsa (f)	maydanoz	[majdanoz]
endro, aneto (m)	dereotu	[dereotu]
alface (f)	yeşil salata	[jeʃil salata]
aipo (m)	kereviz	[kereviz]
aspargo (m)	kuşkonmaz	[kuʃkonmaz]
espinafre (m)	ıspanak	[ıspanak]

ervilha (f)	bezelye	[bezelje]
feijão (~ soja, etc.)	bakla	[bakla]
milho (m)	mısır	[mısır]
feijão (m) roxo	fasulye	[fasulje]

pimentão (m)	dolma biber	[dolma biber]
rabanete (m)	turp	[turp]
alcachofra (f)	enginar	[enginar]

38. Frutos. Nozes

fruta (f)	meyve	[mejve]
maçã (f)	elma	[elma]
pera (f)	armut	[armut]
limão (m)	limon	[limon]
laranja (f)	portakal	[portakal]
morango (m)	çilek	[tʃilek]

tangerina (f)	mandalina	[mandalina]
ameixa (f)	erik	[erik]
pêssego (m)	şeftali	[ʃeftali]
damasco (m)	kayısı	[kajısı]
framboesa (f)	ahududu	[ahududu]
abacaxi (m)	ananas	[ananas]

banana (f)	muz	[muz]
melancia (f)	karpuz	[karpuz]
uva (f)	üzüm	[yzym]
ginja (f)	vişne	[viʃne]
cereja (f)	kiraz	[kiraz]
melão (m)	kavun	[kavun]

toranja (f)	greypfrut	[grejpfrut]
abacate (m)	avokado	[avokado]
mamão (m)	papaya	[papaja]
manga (f)	mango	[mango]

romã (f)	nar	[nar]
groselha (f) vermelha	kırmızı frenk üzümü	[kırmızı frenk yzymy]
groselha (f) negra	siyah frenk üzümü	[sijah frenk yzymy]
groselha (f) espinhosa	bektaşı üzümü	[bektaʃı yzymy]
mirtilo (m)	yaban mersini	[jaban mersini]
amora (f) silvestre	böğürtlen	[bøjurtlen]

passa (f)	kuru üzüm	[kuru yzym]
figo (m)	incir	[indʒir]
tâmara (f)	hurma	[hurma]

amendoim (m)	yerfıstığı	[jerfıstı:ı]
amêndoa (f)	badem	[badem]
noz (f)	ceviz	[dʒeviz]
avelã (f)	fındık	[fındık]
coco (m)	Hindistan cevizi	[hindistan dʒevizi]
pistaches (m pl)	çam fıstığı	[tʃam fıstı:ı]

39. Pão. Bolaria

pastelaria (f)	şekerleme	[ʃekerleme]
pão (m)	ekmek	[ekmek]
biscoito (m), bolacha (f)	bisküvi	[biskyvi]

chocolate (m)	çikolata	[tʃikolata]
de chocolate	çikolatalı	[tʃikolatalı]
bala (f)	şeker	[ʃeker]
doce (bolo pequeno)	ufak kek	[ufak kek]
bolo (m) de aniversário	kek, pasta	[kek], [pasta]

torta (f)	börek	[børek]
recheio (m)	iç	[itʃ]

geleia (m)	reçel	[retʃel]
marmelada (f)	marmelat	[marmelat]
wafers (m pl)	gofret	[gofret]
sorvete (m)	dondurma	[dondurma]

40. Pratos cozinhados

prato (m)	yemek	[jemek]
cozinha (~ portuguesa)	mutfak	[mutfak]
receita (f)	yemek tarifi	[jemek tarifı]
porção (f)	porsiyon	[porsijon]

salada (f)	salata	[salata]
sopa (f)	çorba	[tʃorba]

caldo (m)	et suyu	[et suju]
sanduíche (m)	sandviç	[sandvitʃ]
ovos (m pl) fritos	sahanda yumurta	[sahanda jumurta]
hambúrguer (m)	hamburger	[hamburger]

bife (m)	biftek	[biftek]
acompanhamento (m)	garnitür	[garnityr]
espaguete (m)	spagetti	[spagetti]
purê (m) de batata	patates püresi	[patates pyresi]
pizza (f)	pizza	[pizza]
mingau (m)	lâpa	[lapa]
omelete (f)	omlet	[omlet]

fervido (adj)	pişmiş	[piʃmiʃ]
defumado (adj)	tütsülenmiş, füme	[tytsylenmiʃ], [fyme]
frito (adj)	kızartılmış	[kızartılmıʃ]
seco (adj)	kuru	[kuru]
congelado (adj)	dondurulmuş	[dondurulmuʃ]
em conserva (adj)	turşu	[turʃu]

doce (adj)	tatlı	[tatlı]
salgado (adj)	tuzlu	[tuzlu]
frio (adj)	soğuk	[souk]
quente (adj)	sıcak	[sıdʒak]
amargo (adj)	acı	[adʒı]
gostoso (adj)	tatlı, lezzetli	[tatlı], [lezzetlı]

cozinhar em água fervente	kaynatmak	[kajnatmak]
preparar (vt)	pişirmek	[piʃirmek]
fritar (vt)	kızartmak	[kızartmak]
aquecer (vt)	ısıtmak	[ısıtmak]

salgar (vt)	tuzlamak	[tuzlamak]
apimentar (vt)	biberlemek	[biberlemek]
ralar (vt)	rendelemek	[rendelemek]
casca (f)	kabuk	[kabuk]
descascar (vt)	soymak	[sojmak]

41. Especiarias

sal (m)	tuz	[tuz]
salgado (adj)	tuzlu	[tuzlu]
salgar (vt)	tuzlamak	[tuzlamak]

pimenta-do-reino (f)	siyah biber	[sijah biber]
pimenta (f) vermelha	kırmızı biber	[kırmızı biber]
mostarda (f)	hardal	[hardal]
raiz-forte (f)	bayırturpu	[bajırturpu]

condimento (m)	çeşni	[tʃeʃni]
especiaria (f)	baharat	[baharat]
molho (~ inglês)	salça, sos	[saltʃa], [sos]
vinagre (m)	sirke	[sirke]

anis estrelado (m)	anason	[anason]
manjericão (m)	fesleğen	[fesleen]
cravo (m)	karanfil	[karanfil]
gengibre (m)	zencefil	[zendʒefil]
coentro (m)	kişniş	[kiʃniʃ]

canela (f)	tarçın	[tartʃɪn]
gergelim (m)	susam	[susam]
folha (f) de louro	defne yaprağı	[defne japraɪ]
páprica (f)	kırmızı biber	[kɪrmɪzɪ biber]
cominho (m)	çörek otu	[tʃørek otu]
açafrão (m)	safran	[safran]

42. Refeições

comida (f)	yemek	[jemek]
comer (vt)	yemek	[jemek]

café (m) da manhã	kahvaltı	[kahvaltı]
tomar café da manhã	kahvaltı yapmak	[kahvaltı japmak]
almoço (m)	öğle yemeği	[ø:le jemei]
almoçar (vi)	öğle yemeği yemek	[ø:le jemei jemek]
jantar (m)	akşam yemeği	[akʃam jemei]
jantar (vi)	akşam yemeği yemek	[akʃam jemei jemek]

apetite (m)	iştah	[iʃtah]
Bom apetite!	Afiyet olsun!	[afijet olsun]

abrir (~ uma lata, etc.)	açmak	[atʃmak]
derramar (~ líquido)	dökmek	[døkmek]
derramar-se (vr)	dökülmek	[døkylmek]
ferver (vi)	kaynamak	[kajnamak]
ferver (vt)	kaynatmak	[kajnatmak]
fervido (adj)	kaynamış	[kajnamıʃ]
esfriar (vt)	serinletmek	[serinletmek]
esfriar-se (vr)	serinleşmek	[serinleʃmek]

sabor, gosto (m)	tat	[tat]
fim (m) de boca	ağızda kalan tat	[aɪzda kalan tat]

emagrecer (vi)	zayıflamak	[zajıflamak]
dieta (f)	rejim, diyet	[reʒim], [dijet]
vitamina (f)	vitamin	[vitamin]
caloria (f)	kalori	[kalori]
vegetariano (m)	vejetaryen kimse	[vedʒetarien kimse]
vegetariano (adj)	vejetaryen	[vedʒetarien]

gorduras (f pl)	yağlar	[jaalar]
proteínas (f pl)	proteinler	[proteinler]
carboidratos (m pl)	karbonhidratlar	[karbonhidratlar]
fatia (~ de limão, etc.)	dilim	[dilim]
pedaço (~ de bolo)	parça	[partʃa]
migalha (f), farelo (m)	kırıntı	[kırıntı]

43. Por a mesa

colher (f)	kaşık	[kaʃık]
faca (f)	bıçak	[bɪtʃak]

garfo (m)	çatal	[ʧatal]
xícara (f)	fincan	[finʤan]
prato (m)	tabak	[tabak]
pires (m)	fincan tabağı	[finʤan tabaı]
guardanapo (m)	peçete	[peʧete]
palito (m)	kürdan	[kyrdan]

44. Restaurante

restaurante (m)	restoran	[restoran]
cafeteria (f)	kahvehane	[kahvehane]
bar (m), cervejaria (f)	bar	[bar]
salão (m) de chá	çay salonu	[ʧaj salonu]

garçom (m)	garson	[garson]
garçonete (f)	kadın garson	[kadın garson]
barman (m)	barmen	[barmen]

cardápio (m)	menü	[meny]
lista (f) de vinhos	şarap listesi	[ʃarap listesi]
reservar uma mesa	masa ayırtmak	[masa ajırtmak]

prato (m)	yemek	[jemek]
pedir (vt)	sipariş etmek	[sipariʃ etmek]
fazer o pedido	sipariş vermek	[sipariʃ vermek]

aperitivo (m)	aperatif	[aperatif]
entrada (f)	çerez	[ʧerez]
sobremesa (f)	tatlı	[tatlı]

conta (f)	hesap	[hesap]
pagar a conta	hesabı ödemek	[hesabı ødemek]
dar o troco	para üstü vermek	[para justy vermek]
gorjeta (f)	bahşiş	[bahʃiʃ]

Família, parentes e amigos

45. Informação pessoal. Formulários

nome (m)	ad, isim	[ad], [isim]
sobrenome (m)	soyadı	[sojadı]
data (f) de nascimento	doğum tarihi	[doum tarihi]
local (m) de nascimento	doğum yeri	[doum jeri]
nacionalidade (f)	milliyet	[millijet]
lugar (m) de residência	ikamet yeri	[ikamet jeri]
país (m)	ülke	[ylke]
profissão (f)	meslek	[meslek]
sexo (m)	cinsiyet	[dʒinsijet]
estatura (f)	boy	[boj]
peso (m)	ağırlık	[aırlık]

46. Membros da família. Parentes

mãe (f)	anne	[anne]
pai (m)	baba	[baba]
filho (m)	oğul	[øːul]
filha (f)	kız	[kız]
caçula (f)	küçük kız	[kytʃuk kız]
caçula (m)	küçük oğul	[kytʃuk oul]
filha (f) mais velha	büyük kız	[byjuk kız]
filho (m) mais velho	büyük oğul	[byjuk oul]
irmão (m)	kardeş	[kardeʃ]
irmão (m) mais velho	ağabey, büyük kardeş	[aabej], [byjuk kardeʃ]
irmão (m) mais novo	küçük kardeş	[kytʃuk kardeʃ]
irmã (f)	kardeş, bacı	[kardeʃ], [badʒı]
irmã (f) mais velha	abla, büyük bacı	[abla], [byjuk badʒı]
irmã (f) mais nova	kız kardeş	[kız kardeʃ]
primo (m)	erkek kuzen	[erkek kuzen]
prima (f)	kız kuzen	[kız kuzen]
mamãe (f)	anne	[anne]
papai (m)	baba	[baba]
pais (pl)	ana baba	[ana baba]
criança (f)	çocuk	[tʃodʒuk]
crianças (f pl)	çocuklar	[tʃodʒuklar]
avó (f)	büyük anne	[byjuk anne]
avô (m)	büyük baba	[byjuk baba]
neto (m)	erkek torun	[erkek torun]

| neta (f) | kız torun | [kız torun] |
| netos (pl) | torunlar | [torunlar] |

tio (m)	amca, dayı	[amʤa], [dajı]
tia (f)	teyze, hala	[tejze], [hala]
sobrinho (m)	erkek yeğen	[erkek jeen]
sobrinha (f)	kız yeğen	[kız jeen]

sogra (f)	kaynana	[kajnana]
sogro (m)	kaynata	[kajnata]
genro (m)	güvey	[gyvej]
madrasta (f)	üvey anne	[yvej anne]
padrasto (m)	üvey baba	[yvej baba]

criança (f) de colo	süt çocuğu	[syt ʧoʤuu]
bebê (m)	bebek	[bebek]
menino (m)	erkek çocuk	[erkek ʧoʤuk]

mulher (f)	hanım, eş	[hanım], [eʃ]
marido (m)	eş, koca	[eʃ], [koʤa]
esposo (m)	koca	[koʤa]
esposa (f)	karı	[karı]

casado (adj)	evli	[evli]
casada (adj)	evli	[evli]
solteiro (adj)	bekâr	[bekjar]
solteirão (m)	bekâr	[bekjar]
divorciado (adj)	boşanmış	[boʃanmıʃ]
viúva (f)	dul kadın	[dul kadın]
viúvo (m)	dul erkek	[dul erkek]

parente (m)	akraba	[akraba]
parente (m) próximo	yakın akraba	[jakın akraba]
parente (m) distante	uzak akraba	[uzak akraba]
parentes (m pl)	akrabalar	[akrabalar]

órfão (m), órfã (f)	yetim	[jetim]
tutor (m)	vasi	[vasi]
adotar (um filho)	evlatlık almak	[evlatlık almak]
adotar (uma filha)	evlatlık almak	[evlatlık almak]

Medicina

47. Doenças

doença (f)	hastalık	[hastalık]
estar doente	hasta olmak	[hasta olmak]
saúde (f)	sağlık	[saalık]

nariz (m) escorrendo	nezle	[nezle]
amigdalite (f)	anjin	[anʒin]
resfriado (m)	soğuk algınlığı	[souk algınlı:ı]
ficar resfriado	soğuk almak	[souk almak]

bronquite (f)	bronşit	[bronʃit]
pneumonia (f)	zatürree	[zatyrree]
gripe (f)	grip	[grip]

míope (adj)	miyop	[mijop]
presbita (adj)	hipermetrop	[hipermetrop]
estrabismo (m)	şaşılık	[ʃaʃılık]
estrábico, vesgo (adj)	şaşı	[ʃaʃı]
catarata (f)	katarakt	[katarakt]
glaucoma (m)	glokoma	[glokoma]

AVC (m), apoplexia (f)	felç	[feltʃ]
ataque (m) cardíaco	enfarktüs	[enfarktys]
enfarte (m) do miocárdio	kalp krizi	[kalp krizi]
paralisia (f)	felç	[feltʃ]
paralisar (vt)	felç olmak	[feltʃ olmak]

alergia (f)	alerji	[alerʒi]
asma (f)	astım	[astım]
diabetes (f)	diyabet	[diabet]

dor (f) de dente	diş ağrısı	[diʃ aarısı]
cárie (f)	diş çürümesi	[diʃ tʃurymesi]

diarreia (f)	ishal	[ishal]
prisão (f) de ventre	kabız	[kabız]
desarranjo (m) intestinal	mide bozukluğu	[mide bozukluu]
intoxicação (f) alimentar	zehirlenme	[zehirlenme]
intoxicar-se	zehirlenmek	[zehirlenmek]

artrite (f)	artrit, arterit	[artrit]
raquitismo (m)	raşitizm	[raʃitizm]
reumatismo (m)	romatizma	[romatizma]
arteriosclerose (f)	damar sertliği	[damar sertli:i]

gastrite (f)	gastrit	[gastrit]
apendicite (f)	apandisit	[apandisit]

| colecistite (f) | kolesistit | [kolesistit] |
| úlcera (f) | ülser | [ylser] |

sarampo (m)	kızamık	[kızamık]
rubéola (f)	kızamıkçık	[kızamıktʃik]
icterícia (f)	sarılık	[sarılık]
hepatite (f)	hepatit	[hepatit]

esquizofrenia (f)	şizofreni	[ʃizofreni]
raiva (f)	kuduz hastalığı	[kuduz hastalı:ı]
neurose (f)	nevroz	[nevroz]
contusão (f) cerebral	beyin kanaması	[bejin kanaması]

câncer (m)	kanser	[kanser]
esclerose (f)	skleroz	[skleroz]
esclerose (f) múltipla	multipl skleroz	[multipl skleroz]

alcoolismo (m)	alkoliklik	[alkoliklik]
alcoólico (m)	alkolik	[alkolik]
sífilis (f)	frengi	[frengi]
AIDS (f)	AİDS	[eids]

tumor (m)	tümör, ur	[tymør], [jur]
maligno (adj)	kötü huylu	[køty hujlu]
benigno (adj)	iyi huylu	[iji hujlu]

febre (f)	sıtma	[sıtma]
malária (f)	malarya	[malarja]
gangrena (f)	kangren	[kangren]
enjoo (m)	deniz tutması	[deniz tutması]
epilepsia (f)	epilepsi	[epilepsi]

epidemia (f)	salgın	[salgın]
tifo (m)	tifüs	[tifys]
tuberculose (f)	verem	[verem]
cólera (f)	kolera	[kolera]
peste (f) bubônica	veba	[veba]

48. Sintomas. Tratamentos. Parte 1

sintoma (m)	belirti	[belirti]
temperatura (f)	ateş	[ateʃ]
febre (f)	yüksek ateş	[juksek ateʃ]
pulso (m)	nabız	[nabız]

vertigem (f)	baş dönmesi	[baʃ dønmesi]
quente (testa, etc.)	ateşli	[ateʃli]
calafrio (m)	üşüme	[yʃyme]
pálido (adj)	solgun	[solgun]

tosse (f)	öksürük	[øksyryk]
tossir (vi)	öksürmek	[øksyrmek]
espirrar (vi)	hapşırmak	[hapʃırmak]
desmaio (m)	baygınlık	[bajgınlık]

desmaiar (vi)	bayılmak	[bajılmak]
mancha (f) preta	çürük	[ʧuryk]
galo (m)	şişlik	[ʃiʃlik]
machucar-se (vr)	çarpmak	[ʧarpmak]
contusão (f)	yara	[jara]
machucar-se (vr)	yaralamak	[jaralamak]

mancar (vi)	topallamak	[topallamak]
deslocamento (f)	çıkık	[ʧıkık]
deslocar (vt)	çıkmak	[ʧıkmak]
fratura (f)	kırık, fraktür	[kırık], [fraktyr]
fraturar (vt)	kırılmak	[kırılmak]

corte (m)	kesik	[kesik]
cortar-se (vr)	bir yerini kesmek	[bir jerini kesmek]
hemorragia (f)	kanama	[kanama]

queimadura (f)	yanık	[janık]
queimar-se (vr)	yanmak	[janmak]

picar (vt)	batırmak	[batırmak]
picar-se (vr)	batırmak	[batırmak]
lesionar (vt)	yaralamak	[jaralamak]
lesão (m)	yara, zarar	[jara], [zarar]
ferida (f), ferimento (m)	yara	[jara]
trauma (m)	sarsıntı	[sarsıntı]

delirar (vi)	sayıklamak	[sajıklamak]
gaguejar (vi)	kekelemek	[kekelemek]
insolação (f)	güneş çarpması	[gyneʃ ʧarpması]

49. Sintomas. Tratamentos. Parte 2

dor (f)	acı	[adʒı]
farpa (no dedo, etc.)	kıymık	[kıjmık]

suor (m)	ter	[ter]
suar (vi)	terlemek	[terlemek]
vômito (m)	kusma	[kusma]
convulsões (f pl)	kramp	[kramp]

grávida (adj)	hamile	[hamile]
nascer (vi)	doğmak	[doomak]
parto (m)	doğum	[doum]
dar à luz	doğurmak	[dourmak]
aborto (m)	çocuk düşürme	[ʧoʤuk dyʃyrme]

respiração (f)	respirasyon	[respirasjon]
inspiração (f)	soluk alma	[soluk alma]
expiração (f)	soluk verme	[soluk verme]
expirar (vi)	soluk vermek	[soluk vermek]
inspirar (vi)	bir soluk almak	[bir soluk almak]
inválido (m)	malul	[malyl]
aleijado (m)	sakat	[sakat]

drogado (m)	uyuşturucu bağımlısı	[ujuʃturudʒu baımlısı]
surdo (adj)	sağır	[saır]
mudo (adj)	dilsiz	[dilsiz]
surdo-mudo (adj)	sağır ve dilsiz	[saır ve dilsiz]
louco, insano (adj)	deli	[deli]
louco (m)	deli adam	[deli adam]
louca (f)	deli kadın	[deli kadın]
ficar louco	çıldırmak	[tʃıldırmak]
gene (m)	gen	[gen]
imunidade (f)	bağışıklık	[baıʃıklık]
hereditário (adj)	irsi, kalıtsal	[irsi], [kalıtsal]
congênito (adj)	doğuştan	[douʃtan]
vírus (m)	virüs	[virys]
micróbio (m)	mikrop	[mikrop]
bactéria (f)	bakteri	[bakteri]
infecção (f)	enfeksiyon	[enfeksijon]

50. Sintomas. Tratamentos. Parte 3

hospital (m)	hastane	[hastane]
paciente (m)	hasta	[hasta]
diagnóstico (m)	teşhis	[teʃhis]
cura (f)	çare	[tʃare]
tratamento (m) médico	tedavi	[tedavi]
curar-se (vr)	tedavi görmek	[tedavi gørmek]
tratar (vt)	tedavi etmek	[tedavi etmek]
cuidar (pessoa)	hastaya bakmak	[hastaja bakmak]
cuidado (m)	hasta bakımı	[hasta bakımı]
operação (f)	ameliyat	[amelijat]
enfaixar (vt)	pansuman yapmak	[pansuman japmak]
enfaixamento (m)	pansuman	[pansuman]
vacinação (f)	aşılama	[aʃılama]
vacinar (vt)	aşı yapmak	[aʃı japmak]
injeção (f)	iğne	[i:ine]
dar uma injeção	iğne yapmak	[i:ine japmak]
ataque (~ de asma, etc.)	atak	[atak]
amputação (f)	ampütasyon	[ampytasjon]
amputar (vt)	ameliyatla almak	[amelijatla almak]
coma (f)	koma	[koma]
estar em coma	komada olmak	[komada olmak]
reanimação (f)	yoğun bakım	[joun bakım]
recuperar-se (vr)	iyileşmek	[ijileʃmek]
estado (~ de saúde)	durum	[durum]
consciência (perder a ~)	bilinç	[bilintʃ]
memória (f)	hafıza	[hafıza]
tirar (vt)	çekmek	[tʃekmek]

obturação (f)	**dolgu**	[dolgu]
obturar (vt)	**dolgu yapmak**	[dolgu japmak]
hipnose (f)	**hipnoz**	[hipnoz]
hipnotizar (vt)	**hipnotize etmek**	[hipnotize etmek]

51. Médicos

médico (m)	**doktor**	[doktor]
enfermeira (f)	**hemşire**	[hemʃire]
médico (m) pessoal	**özel doktor**	[øzel doktor]
dentista (m)	**dişçi**	[diʃʧi]
oculista (m)	**göz doktoru**	[gøz doktoru]
terapeuta (m)	**pratisyen doktor**	[pratisjen doktor]
cirurgião (m)	**cerrah**	[dʒerrah]
psiquiatra (m)	**psikiyatr**	[psikijatr]
pediatra (m)	**çocuk doktoru**	[ʧodʒuk doktoru]
psicólogo (m)	**psikolog**	[psikolog]
ginecologista (m)	**kadın doktoru**	[kadın doktoru]
cardiologista (m)	**kardiyoloji uzmanı**	[kardioloʒi uzmanı]

52. Medicina. Drogas. Acessórios

medicamento (m)	**ilaç**	[ilaʧ]
remédio (m)	**deva**	[deva]
receitar (vt)	**yazmak**	[jazmak]
receita (f)	**reçete**	[reʧete]
comprimido (m)	**hap**	[hap]
unguento (m)	**merhem**	[merhem]
ampola (f)	**ampul**	[ampul]
solução, preparado (m)	**solüsyon**	[solysjon]
xarope (m)	**şurup**	[ʃurup]
cápsula (f)	**kapsül**	[kapsyl]
pó (m)	**toz**	[toz]
atadura (f)	**bandaj**	[bandaʒ]
algodão (m)	**pamuk**	[pamuk]
iodo (m)	**iyot**	[ijot]
curativo (m) adesivo	**yara bandı**	[jara bandı]
conta-gotas (m)	**damlalık**	[damlalık]
termômetro (m)	**derece**	[deredʒe]
seringa (f)	**şırınga**	[ʃiringa]
cadeira (f) de rodas	**tekerlekli sandalye**	[tekerlekli sandalje]
muletas (f pl)	**koltuk değneği**	[koltuk deenei]
analgésico (m)	**anestetik**	[anestetik]
laxante (m)	**müshil**	[myshil]

álcool (m)	**ispirto**	[ispirto]
ervas (f pl) medicinais	**şifalı bitkiler**	[ʃifalı bitkiler]
de ervas (chá ~)	**bitkisel**	[bitkisel]

HABITAT HUMANO

Cidade

53. Cidade. Vida na cidade

cidade (f)	kent, şehir	[kent], [ʃehir]
capital (f)	başkent	[baʃkent]
aldeia (f)	köy	[køj]
mapa (m) da cidade	şehir planı	[ʃehir planı]
centro (m) da cidade	şehir merkezi	[ʃehir merkezi]
subúrbio (m)	varoş	[varoʃ]
suburbano (adj)	banliyö	[banljø]
periferia (f)	şehir kenarı	[ʃehir kenarı]
arredores (m pl)	çevre	[tʃevre]
quarteirão (m)	mahalle	[mahale]
quarteirão (m) residencial	yerleşim bölgesi	[jerleʃim bølgesi]
tráfego (m)	trafik	[trafik]
semáforo (m)	trafik ışıkları	[trafik ıʃıkları]
transporte (m) público	toplu taşıma	[toplu taʃıma]
cruzamento (m)	kavşak	[kavʃak]
faixa (f)	yaya geçidi	[jaja getʃidi]
túnel (m) subterrâneo	yeraltı geçidi	[jeraltı getʃidi]
cruzar, atravessar (vt)	geçmek	[getʃmek]
pedestre (m)	yaya	[jaja]
calçada (f)	yaya kaldırımı	[jaja kaldırımı]
ponte (f)	köprü	[køpry]
margem (f) do rio	rıhtım	[rıhtım]
fonte (f)	çeşme	[tʃeʃme]
alameda (f)	park yolu	[park jolu]
parque (m)	park	[park]
bulevar (m)	bulvar	[bulvar]
praça (f)	meydan	[mejdan]
avenida (f)	geniş cadde	[geniʃ dʒadde]
rua (f)	sokak, cadde	[sokak], [dʒadde]
travessa (f)	ara sokak	[ara sokak]
beco (m) sem saída	çıkmaz sokak	[tʃıkmaz sokak]
casa (f)	ev	[ev]
edifício, prédio (m)	bina	[bina]
arranha-céu (m)	gökdelen	[gøkdelen]
fachada (f)	cephe	[dʒephe]
telhado (m)	çatı	[tʃatı]

janela (f)	pencere	[pendʒere]
arco (m)	kemer	[kemer]
coluna (f)	sütün	[sytyn]
esquina (f)	köşe	[køʃe]

vitrine (f)	vitrin	[vitrin]
letreiro (m)	levha	[levha]
cartaz (do filme, etc.)	afiş	[afiʃ]
cartaz (m) publicitário	reklam panosu	[reklam panosu]
painel (m) publicitário	reklam panosu	[reklam panosu]

lixo (m)	çöp	[ʧøp]
lata (f) de lixo	çöp tenekesi	[ʧøp tenekesi]
jogar lixo na rua	çöp atmak	[ʧøp atmak]
aterro (m) sanitário	çöplük	[ʧøplyk]

orelhão (m)	telefon kulübesi	[telefon kylybesi]
poste (m) de luz	fener direği	[fener direi]
banco (m)	bank	[bank]

polícia (m)	erkek polis	[erkek polis]
polícia (instituição)	polis	[polis]
mendigo, pedinte (m)	dilenci	[dilendʒi]
desabrigado (m)	evsiz	[evsiz]

54. Instituições urbanas

loja (f)	mağaza	[maaza]
drogaria (f)	eczane	[edʒzane]
ótica (f)	optik	[optik]
centro (m) comercial	alışveriş merkezi	[alıʃveriʃ merkezi]
supermercado (m)	süpermarket	[sypermarket]

padaria (f)	ekmekçi dükkânı	[ekmekʧi dykkanı]
padeiro (m)	fırıncı	[fırındʒı]
pastelaria (f)	pastane	[pastane]
mercearia (f)	bakkaliye	[bakkalije]
açougue (m)	kasap dükkanı	[kasap dykkanı]

fruteira (f)	manav	[manav]
mercado (m)	çarşı	[ʧarʃı]

cafeteria (f)	kahvehane	[kahvehane]
restaurante (m)	restoran	[restoran]
bar (m)	birahane	[birahane]
pizzaria (f)	pizzacı	[pizadʒı]

salão (m) de cabeleireiro	kuaför salonu	[kuafør salonu]
agência (f) dos correios	postane	[postane]
lavanderia (f)	kuru temizleme	[kuru temizleme]
estúdio (m) fotográfico	fotoğraf stüdyosu	[fotoraf stydjosu]

sapataria (f)	ayakkabı mağazası	[ajakkabı maazası]
livraria (f)	kitabevi	[kitabevi]

loja (f) de artigos esportivos	spor mağazası	[spor maazası]
costureira (m)	elbise tamiri	[elbise tamiri]
aluguel (m) de roupa	giysi kiralama	[gijsı kiralama]
videolocadora (f)	film kiralama	[film kiralama]

circo (m)	sirk	[sirk]
jardim (m) zoológico	hayvanat bahçesi	[hajvanat bahtʃesi]
cinema (m)	sinema	[sinema]
museu (m)	müze	[myze]
biblioteca (f)	kütüphane	[kytyphane]

teatro (m)	tiyatro	[tijatro]
ópera (f)	opera	[opera]
boate (casa noturna)	gece kulübü	[gedʒe kulyby]
cassino (m)	kazino	[kazino]

mesquita (f)	cami	[dʒami]
sinagoga (f)	sinagog	[sinagog]
catedral (f)	katedral	[katedral]
templo (m)	ibadethane	[ibadethane]
igreja (f)	kilise	[kilise]

faculdade (f)	enstitü	[enstity]
universidade (f)	üniversite	[yniversite]
escola (f)	okul	[okul]

prefeitura (f)	belediye	[beledije]
câmara (f) municipal	belediye	[beledije]
hotel (m)	otel	[otel]
banco (m)	banka	[banka]

embaixada (f)	elçilik	[eltʃilik]
agência (f) de viagens	seyahat acentesi	[sejahat adʒentesi]
agência (f) de informações	danışma bürosu	[danıʃma byrosu]
casa (f) de câmbio	döviz bürosu	[døviz byrosu]

| metrô (m) | metro | [metro] |
| hospital (m) | hastane | [hastane] |

| posto (m) de gasolina | benzin istasyonu | [benzin istasjonu] |
| parque (m) de estacionamento | park yeri | [park jeri] |

55. Sinais

letreiro (m)	levha	[levha]
aviso (m)	yazı	[jazı]
cartaz, pôster (m)	poster, afiş	[poster], [afiʃ]
placa (f) de direção	işaret	[iʃaret]
seta (f)	ok	[ok]

aviso (advertência)	ikaz, uyarı	[ikaz], [ujarı]
sinal (m) de aviso	uyarı	[ujarı]
avisar, advertir (vt)	uyarmak	[ujarmak]
dia (m) de folga	tatil günü	[tatil gyny]

| horário (~ dos trens, etc.) | tarife | [tarife] |
| horário (m) | çalışma saatleri | [ʧalıʃma saatleri] |

BEM-VINDOS!	HOŞ GELDİNİZ	[hoʃ geldiniz]
ENTRADA	GİRİŞ	[giriʃ]
SAÍDA	ÇIKIŞ	[ʧıkıʃ]

EMPURRE	İTİNİZ	[itiniz]
PUXE	ÇEKİNİZ	[ʧekiniz]
ABERTO	AÇIK	[aʧık]
FECHADO	KAPALI	[kapalı]

| MULHER | BAYAN | [bajan] |
| HOMEM | BAY | [baj] |

DESCONTOS	İNDİRİM	[indirim]
SALDOS, PROMOÇÃO	UCUZLUK	[udʒuzluk]
NOVIDADE!	YENİ	[jeni]
GRÁTIS	BEDAVA	[bedava]

ATENÇÃO!	DİKKAT!	[dikkat]
NÃO HÁ VAGAS	BOŞ YER YOK	[boʃ jer jok]
RESERVADO	REZERVE	[rezerve]

ADMINISTRAÇÃO	MÜDÜR	[mydyr]
SOMENTE PESSOAL	PERSONEL HARİCİ	[personel haridʒi
AUTORIZADO	GİREMEZ	giremez]

CUIDADO CÃO FEROZ	DİKKAT KÖPEK VAR	[dikkat køpek var]
PROIBIDO FUMAR!	SİGARA İÇİLMEZ	[sigara iʧilmez]
NÃO TOCAR	DOKUNMAK YASAKTIR	[dokunmak jasaktır]

PERIGOSO	TEHLİKELİ	[tehlikeli]
PERIGO	TEHLİKE	[tehlike]
ALTA TENSÃO	YÜKSEK GERİLİM	[juksek gerilim]
PROIBIDO NADAR	SUYA GİRMEK YASAKTIR	[suja girmek jasaktır]
COM DEFEITO	HİZMET DIŞI	[hizmet dıʃı]

INFLAMÁVEL	YANICI MADDE	[janidʒi madde]
PROIBIDO	YASAKTIR	[jasaktır]
ENTRADA PROIBIDA	GİRMEK YASAKTIR	[girmek jasaktır]
CUIDADO TINTA FRESCA	DİKKAT ISLAK BOYA	[dikkat ıslak boja]

56. Transportes urbanos

ônibus (m)	otobüs	[otobys]
bonde (m) elétrico	tramvay	[tramvaj]
trólebus (m)	troleybüs	[trolejbys]
rota (f), itinerário (m)	rota	[rota]
número (m)	numara	[numara]

ir de ... (carro, etc.)	... gitmek	[gitmek]
entrar no ...	... binmek	[binmek]
descer do ...	... inmek	[inmek]

parada (f)	durak	[durak]
próxima parada (f)	sonraki durak	[sonraki durak]
terminal (m)	son durak	[son durak]
horário (m)	tarife	[tarife]
esperar (vt)	beklemek	[beklemek]

| passagem (f) | bilet | [bilet] |
| tarifa (f) | bilet fiyatı | [bilet fijatı] |

bilheteiro (m)	kasiyer	[kasijer]
controle (m) de passagens	bilet kontrolü	[bilet kontroly]
revisor (m)	kondüktör	[kondyktør]

atrasar-se (vr)	gecikmek	[gedʒikmek]
perder (o autocarro, etc.)	... kaçırmak	[katʃırmak]
estar com pressa	acele etmek	[adʒele etmek]

táxi (m)	taksi	[taksi]
taxista (m)	taksici	[taksidʒi]
de táxi (ir ~)	taksiyle	[taksijle]
ponto (m) de táxis	taksi durağı	[taksi duraı]
chamar um táxi	taksi çağırmak	[taksi tʃaırmak]
pegar um táxi	taksi tutmak	[taksi tutmak]

tráfego (m)	trafik	[trafik]
engarrafamento (m)	trafik sıkışıklığı	[trafik sıkıʃıklı:ı]
horas (f pl) de pico	bitirim ikili	[bitirim ikili]
estacionar (vi)	park etmek	[park etmek]
estacionar (vt)	park etmek	[park etmek]
parque (m) de estacionamento	park yeri	[park jeri]

metrô (m)	metro	[metro]
estação (f)	istasyon	[istasjon]
ir de metrô	metroya binmek	[metroja binmek]
trem (m)	tren	[tren]
estação (f) de trem	istasyon	[istasjon]

57. Turismo

monumento (m)	anıt	[anıt]
fortaleza (f)	kale	[kale]
palácio (m)	saray	[saraj]
castelo (m)	şato	[ʃato]
torre (f)	kule	[kule]
mausoléu (m)	anıtkabir	[anıtkabir]

arquitetura (f)	mimarlık	[mimarlık]
medieval (adj)	ortaçağ	[ortatʃaa]
antigo (adj)	antik, eski	[antik], [eski]
nacional (adj)	milli	[milli]
famoso, conhecido (adj)	meşhur	[meʃhur]

| turista (m) | turist | [turist] |
| guia (pessoa) | rehber | [rehber] |

excursão (f)	gezi	[gezi]
mostrar (vt)	göstermek	[gøstermek]
contar (vt)	anlatmak	[anlatmak]

encontrar (vt)	bulmak	[bulmak]
perder-se (vr)	kaybolmak	[kajbolmak]
mapa (~ do metrô)	şema	[ʃema]
mapa (~ da cidade)	plan	[plan]

lembrança (f), presente (m)	hediye	[hedije]
loja (f) de presentes	hediyelik eşya mağazası	[hedijelik eʃʃa maazası]
tirar fotos, fotografar	fotoğraf çekmek	[fotoraf tʃekmek]
fotografar-se (vr)	fotoğraf çektirmek	[fotoraf tʃektirmek]

58. Compras

comprar (vt)	satın almak	[satın almak]
compra (f)	satın alınan şey	[satın alınan ʃej]
fazer compras	alışverişe gitmek	[alıʃveriʃe gitmek]
compras (f pl)	alışveriş	[alıʃveriʃ]

estar aberta (loja)	çalışmak	[tʃalıʃmak]
estar fechada	kapanmak	[kapanmak]

calçado (m)	ayakkabı	[ajakkabı]
roupa (f)	elbise	[elbise]
cosméticos (m pl)	kozmetik	[kozmetik]
alimentos (m pl)	gıda ürünleri	[gıda jurynleri]
presente (m)	hediye	[hedije]

vendedor (m)	satıcı	[satıdʒı]
vendedora (f)	satıcı kadın	[satıdʒı kadın]

caixa (f)	kasa	[kasa]
espelho (m)	ayna	[ajna]
balcão (m)	tezgâh	[tezgjah]
provador (m)	deneme kabini	[deneme kabini]

provar (vt)	prova yapmak	[prova japmak]
servir (roupa, caber)	uymak	[ujmak]
gostar (apreciar)	hoşlanmak	[hoʃlanmak]

preço (m)	fiyat	[fijat]
etiqueta (f) de preço	fiyat etiketi	[fijat etiketleri]
custar (vt)	değerinde olmak	[deerinde olmak]
Quanto?	Kaç?	[katʃ]
desconto (m)	indirim	[indirim]

não caro (adj)	masrafsız	[masrafsıs]
barato (adj)	ucuz	[udʒuz]
caro (adj)	pahalı	[pahalı]
É caro	bu pahalıdır	[bu pahalıdır]
aluguel (m)	kira	[kira]
alugar (roupas, etc.)	kiralamak	[kiralamak]

| crédito (m) | kredi | [kredi] |
| a crédito | krediyle | [kredijle] |

59. Dinheiro

dinheiro (m)	para	[para]
câmbio (m)	kambiyo	[kambijo]
taxa (f) de câmbio	kur	[kur]
caixa (m) eletrônico	bankamatik	[bankamatik]
moeda (f)	para	[para]

| dólar (m) | dolar | [dolar] |
| euro (m) | Euro | [juro] |

lira (f)	liret	[liret]
marco (m)	Alman markı	[alman markı]
franco (m)	frank	[frank]
libra (f) esterlina	İngiliz sterlini	[ingiliz sterlini]
iene (m)	yen	[jen]

dívida (f)	borç	[bortʃ]
devedor (m)	borçlu	[bortʃlu]
emprestar (vt)	borç vermek	[bortʃ vermek]
pedir emprestado	borç almak	[bortʃ almak]

banco (m)	banka	[banka]
conta (f)	hesap	[hesap]
depositar na conta	para yatırmak	[para jatırmak]
sacar (vt)	hesaptan çekmek	[hesaptan tʃekmek]

cartão (m) de crédito	kredi kartı	[kredi kartı]
dinheiro (m) vivo	nakit para	[nakit para]
cheque (m)	çek	[tʃek]
passar um cheque	çek yazmak	[tʃek jazmak]
talão (m) de cheques	çek defteri	[tʃek defteri]

carteira (f)	cüzdan	[dʒyzdan]
niqueleira (f)	para cüzdanı	[para dʒyzdanı]
cofre (m)	para kasası	[para kasası]

herdeiro (m)	mirasçı	[mirastʃı]
herança (f)	miras	[miras]
fortuna (riqueza)	varlık	[varlık]

arrendamento (m)	kira	[kira]
aluguel (pagar o ~)	ev kirası	[ev kirası]
alugar (vt)	kiralamak	[kiralamak]

preço (m)	fiyat	[fijat]
custo (m)	maliyet	[malijet]
soma (f)	toplam	[toplam]

| gastar (vt) | harcamak | [hardʒamak] |
| gastos (m pl) | masraflar | [masraflar] |

economizar (vi)	idareli kullanmak	[idareli kullanmak]
econômico (adj)	tutumlu	[tutumlu]

pagar (vt)	ödemek	[ødemek]
pagamento (m)	ödeme	[ødeme]
troco (m)	para üstü	[para justy]

imposto (m)	vergi	[vergi]
multa (f)	ceza	[dʒeza]
multar (vt)	ceza kesmek	[dʒeza kesmek]

60. Correios. Serviço postal

agência (f) dos correios	postane	[postane]
correio (m)	posta	[posta]
carteiro (m)	postacı	[postadʒı]
horário (m)	çalışma saatleri	[tʃalıʃma saatleri]

carta (f)	mektup	[mektup]
carta (f) registada	taahhütlü mektup	[ta:hhytly mektup]
cartão (m) postal	kart	[kart]
telegrama (m)	telgraf	[telgraf]
encomenda (f)	koli	[koli]
transferência (f) de dinheiro	para havalesi	[para havalesi]

receber (vt)	almak	[almak]
enviar (vt)	göndermek	[gøndermek]
envio (m)	gönderme	[gønderme]

endereço (m)	adres	[adres]
código (m) postal	endeks, indeks	[endeks], [indeks]
remetente (m)	gönderen	[gønderen]
destinatário (m)	alıcı	[alıdʒı]

nome (m)	ad, isim	[ad], [isim]
sobrenome (m)	soyadı	[sojadı]

tarifa (f)	tarife	[tarife]
ordinário (adj)	normal	[normal]
econômico (adj)	ekonomik	[ekonomik]

peso (m)	ağırlık	[aırlık]
pesar (estabelecer o peso)	tartmak	[tartmak]
envelope (m)	zarf	[zarf]
selo (m) postal	pul	[pul]

Moradia. Casa. Lar

61. Casa. Eletricidade

eletricidade (f)	elektrik	[elektrik]
lâmpada (f)	ampul	[ampul]
interruptor (m)	elektrik düğmesi	[elektrik dyjmesi]
fusível, disjuntor (m)	sigorta	[sigorta]
fio, cabo (m)	tel	[tel]
instalação (f) elétrica	elektrik hatları	[elektrik hatları]
medidor (m) de eletricidade	elektrik sayacı	[elektrik sajadʒı]
indicação (f), registro (m)	gösterge değeri	[gøsterge deeri]

62. Moradia. Mansão

casa (f) de campo	kır evi	[kır evi]
vila (f)	villâ	[villa]
ala (~ do edifício)	kanat	[kanat]
jardim (m)	bahçe	[bahtʃe]
parque (m)	park	[park]
estufa (f)	limonluk	[limonlyk]
cuidar de ...	bakmak	[bakmak]
piscina (f)	havuz	[havuz]
academia (f) de ginástica	spor salonu	[spor salonu]
quadra (f) de tênis	tenis kortu	[tenis kortu]
cinema (m)	ev sinema salonu	[ev sinema salonu]
garagem (f)	garaj	[garaʒ]
propriedade (f) privada	özel mülkiyet	[øzel mylkijet]
terreno (m) privado	özel arsa	[øzel arsa]
advertência (f)	ikaz	[ikaz]
sinal (m) de aviso	ikaz yazısı	[ikaz jazısı]
guarda (f)	güvenlik	[gyvenlik]
guarda (m)	güvenlik görevlisi	[gyvenlik gørevlisi]
alarme (m)	hırsız alarmı	[hırsız alarmı]

63. Apartamento

apartamento (m)	daire	[daire]
quarto, cômodo (m)	oda	[oda]
quarto (m) de dormir	yatak odası	[jatak odası]

sala (f) de jantar	yemek odası	[jemek odası]
sala (f) de estar	misafir odası	[misafir odası]
escritório (m)	çalışma odası	[ʧalıʃma odası]

sala (f) de entrada	antre	[antre]
banheiro (m)	banyo odası	[banjo odası]
lavabo (m)	tuvalet	[tuvalet]

teto (m)	tavan	[tavan]
chão, piso (m)	taban, yer	[taban], [jer]
canto (m)	köşesi	[køʃesi]

64. Mobiliário. Interior

mobiliário (m)	mobilya	[mobilja]
mesa (f)	masa	[masa]
cadeira (f)	sandalye	[sandalje]
cama (f)	yatak	[jatak]

sofá, divã (m)	kanape	[kanape]
poltrona (f)	koltuk	[koltuk]

estante (f)	kitaplık	[kitaplık]
prateleira (f)	kitap rafı	[kitap rafı]

guarda-roupas (m)	elbise dolabı	[elbise dolabı]
cabide (m) de parede	duvar askısı	[duvar askısı]
cabideiro (m) de pé	portmanto	[portmanto]

cômoda (f)	komot	[komot]
mesinha (f) de centro	sehpa	[sehpa]

espelho (m)	ayna	[ajna]
tapete (m)	halı	[halı]
tapete (m) pequeno	kilim	[kilim]

lareira (f)	şömine	[ʃømine]
vela (f)	mum	[mum]
castiçal (m)	mumluk	[mumluk]

cortinas (f pl)	perdeler	[perdler]
papel (m) de parede	duvar kağıdı	[duvar kaıdı]
persianas (f pl)	jaluzi	[ʒalyzi]

luminária (f) de mesa	masa lambası	[masa lambası]
luminária (f) de parede	lamba	[lamba]

abajur (m) de pé	ayaklı lamba	[ajaklı lamba]
lustre (m)	avize	[avize]

pé (de mesa, etc.)	ayak	[ajak]
braço, descanso (m)	kol	[kol]
costas (f pl)	arkalık	[arkalık]
gaveta (f)	çekmece	[ʧekmeʤe]

65. Quarto de dormir

roupa (f) de cama	çamaşır	[t͡ʃamaʃɯr]
travesseiro (m)	yastık	[jastɯk]
fronha (f)	yastık kılıfı	[jastɯk kɯlɯfɯ]
cobertor (m)	battaniye	[battanije]
lençol (m)	çarşaf	[t͡ʃarʃaf]
colcha (f)	örtü	[ørty]

66. Cozinha

cozinha (f)	mutfak	[mutfak]
gás (m)	gaz	[gaz]
fogão (m) a gás	gaz sobası	[gaz sobası]
fogão (m) elétrico	elektrik ocağı	[elektrik od͡ʒaɯ]
forno (m)	fırın	[fɯrɯn]
forno (m) de micro-ondas	mikrodalga fırın	[mikrodalga fırın]
geladeira (f)	buzdolabı	[buzdolabɯ]
congelador (m)	derin dondurucu	[derin dondurud͡ʒu]
máquina (f) de lavar louça	bulaşık makinesi	[bulaʃık makinesi]
moedor (m) de carne	kıyma makinesi	[kɯjma makinesi]
espremedor (m)	meyve sıkacağı	[mejve sıkad͡ʒaɯ]
torradeira (f)	tost makinesi	[tost makinesi]
batedeira (f)	mikser	[mikser]
máquina (f) de café	kahve makinesi	[kahve makinesi]
cafeteira (f)	cezve	[d͡ʒezve]
moedor (m) de café	kahve değirmeni	[kahve deirmeni]
chaleira (f)	çaydanlık	[t͡ʃajdanlɯk]
bule (m)	demlik	[demlik]
tampa (f)	kapak	[kapak]
coador (m) de chá	süzgeci	[syzged͡ʒi]
colher (f)	kaşık	[kaʃɯk]
colher (f) de chá	çay kaşığı	[t͡ʃaj kaʃɯ:ɯ]
colher (f) de sopa	yemek kaşığı	[jemek kaʃɯ:ɯ]
garfo (m)	çatal	[t͡ʃatal]
faca (f)	bıçak	[bɯt͡ʃak]
louça (f)	mutfak gereçleri	[mutfak geret͡ʃleri]
prato (m)	tabak	[tabak]
pires (m)	fincan tabağı	[find͡ʒan tabaɯ]
cálice (m)	kadeh	[kade]
copo (m)	bardak	[bardak]
xícara (f)	fincan	[find͡ʒan]
açucareiro (m)	şekerlik	[ʃekerlik]
saleiro (m)	tuzluk	[tuzluk]
pimenteiro (m)	biberlik	[biberlik]

manteigueira (f)	tereyağı tabağı	[terejaı tabaı]
panela (f)	tencere	[tendʒere]
frigideira (f)	tava	[tava]
concha (f)	kepçe	[keptʃe]
coador (m)	süzgeç	[syzgetʃ]
bandeja (f)	tepsi	[tepsi]

garrafa (f)	şişe	[ʃiʃe]
pote (m) de vidro	kavanoz	[kavanoz]
lata (~ de cerveja)	teneke	[teneke]

abridor (m) de garrafa	şişe açacağı	[ʃiʃe atʃadʒaı]
abridor (m) de latas	konserve açacağı	[konserve atʃadʒaı]
saca-rolhas (m)	tirbuşon	[tirbyʃon]
filtro (m)	filtre	[filtre]
filtrar (vt)	filtre etmek	[filtre etmek]

lixo (m)	çöp	[tʃøp]
lixeira (f)	çöp kovası	[tʃøp kovası]

67. Casa de banho

banheiro (m)	banyo odası	[banjo odası]
água (f)	su	[su]
torneira (f)	musluk	[musluk]
água (f) quente	sıcak su	[sıdʒak su]
água (f) fria	soğuk su	[souk su]

pasta (f) de dente	diş macunu	[diʃ madʒunu]
escovar os dentes	dişlerini fırçalamak	[diʃlerini fırtʃalamak]
escova (f) de dente	diş fırçası	[diʃ fırtʃası]

barbear-se (vr)	tıraş olmak	[tıraʃ olmak]
espuma (f) de barbear	tıraş köpüğü	[tıraʃ køpyy]
gilete (f)	jilet	[ʒilet]

lavar (vt)	yıkamak	[jıkamak]
tomar banho	yıkanmak	[jıkanmak]
chuveiro (m), ducha (f)	duş	[duʃ]
tomar uma ducha	duş almak	[duʃ almak]

banheira (f)	banyo	[banjo]
vaso (m) sanitário	klozet	[klozet]
pia (f)	küvet	[kyvet]

sabonete (m)	sabun	[sabun]
saboneteira (f)	sabunluk	[sabunluk]

esponja (f)	sünger	[synger]
xampu (m)	şampuan	[ʃampuan]
toalha (f)	havlu	[havlu]
roupão (m) de banho	bornoz	[bornoz]
lavagem (f)	çamaşır yıkama	[tʃamaʃır jıkama]
lavadora (f) de roupas	çamaşır makinesi	[tʃamaʃır makinesi]

lavar a roupa	çamaşırları yıkamak	[ʧamaʃırları jıkamak]
detergente (m)	çamaşır deterjanı	[ʧamaʃir deterʒanı]

68. Eletrodomésticos

televisor (m)	televizyon	[televizjon]
gravador (m)	teyp	[tejp]
videogravador (m)	video	[video]
rádio (m)	radyo	[radjo]
leitor (m)	çalar	[ʧalar]

projetor (m)	projeksiyon makinesi	[proʒeksion makinesi]
cinema (m) em casa	ev sinema	[evj sinema]
DVD Player (m)	DVD oynatıcı	[dividi ojnatıdʒı]
amplificador (m)	amplifikatör	[amplifikatør]
console (f) de jogos	oyun konsolu	[ojun konsolu]

câmera (f) de vídeo	video kamera	[videokamera]
máquina (f) fotográfica	fotoğraf makinesi	[fotoraf makinesi]
câmera (f) digital	dijital fotoğraf makinesi	[diʒital fotoraf makinesi]

aspirador (m)	elektrik süpürgesi	[elektrik sypyrgesi]
ferro (m) de passar	ütü	[yty]
tábua (f) de passar	ütü masası	[yty masası]

telefone (m)	telefon	[telefon]
celular (m)	cep telefonu	[dʒep telefonu]
máquina (f) de escrever	daktilo	[daktilo]
máquina (f) de costura	dikiş makinesi	[dikiʃ makinesi]

microfone (m)	mikrofon	[mikrofon]
fone (m) de ouvido	kulaklık	[kulaklık]
controle remoto (m)	uzaktan kumanda	[uzaktan kumanda]

CD (m)	CD	[sidi]
fita (f) cassete	teyp kaseti	[tejp kaseti]
disco (m) de vinil	vinil plak	[vinil plak]

ATIVIDADES HUMANAS

Emprego. Negócios. Parte 1

69. Escritório. O trabalho no escritório

escritório (~ de advogados)	**ofis**	[ofis]
escritório (do diretor, etc.)	**ofis, büro**	[ofis], [byro]
recepção (f)	**resepsiyon**	[resepsijon]
secretário (m)	**sekreter**	[sekreter]
diretor (m)	**müdür**	[mydyr]
gerente (m)	**menejer**	[menedʒer]
contador (m)	**muhasebeci**	[muhasebedʒi]
empregado (m)	**eleman, görevli**	[eleman], [gørevli]
mobiliário (m)	**mobilya**	[mobilja]
mesa (f)	**masa**	[masa]
cadeira (f)	**koltuk**	[koltuk]
gaveteiro (m)	**keson**	[keson]
cabideiro (m) de pé	**portmanto**	[portmanto]
computador (m)	**bilgisayar**	[bilgisajar]
impressora (f)	**yazıcı**	[jazɪdʒɪ]
fax (m)	**faks**	[faks]
fotocopiadora (f)	**fotokopi makinesi**	[fotokopi makinesi]
papel (m)	**kağıt**	[kaɪt]
artigos (m pl) de escritório	**kırtasiye**	[kɪrtasije]
tapete (m) para mouse	**fare altlığı**	[fare altlɪːɪ]
folha (f)	**kağıt**	[kaɪt]
pasta (f)	**dosya**	[dosja]
catálogo (m)	**katalog**	[katalog]
lista (f) telefônica	**kılavuz**	[kɪlavuz]
documentação (f)	**belgeler**	[belgeler]
brochura (f)	**broşür**	[broʃyr]
panfleto (m)	**beyanname**	[bejanname]
amostra (f)	**numune**	[numune]
formação (f)	**eğitim toplantısı**	[eitim toplantɪsɪ]
reunião (f)	**toplantı**	[toplantɪ]
hora (f) de almoço	**öğle paydosu**	[øːle pajdosu]
fazer uma cópia	**kopya yapmak**	[kopja japmak]
tirar cópias	**çoğaltmak**	[tʃoaltmak]
receber um fax	**faks almak**	[faks almak]
enviar um fax	**faks çekmek**	[faks tʃekmek]
fazer uma chamada	**telefonla aramak**	[telefonla aramak]

responder (vt)	**cevap vermek**	[ʤevap vermek]
passar (vt)	**bağlamak**	[baalamak]
marcar (vt)	**ayarlamak**	[ajarlamak]
demonstrar (vt)	**göstermek**	[gøstermek]
estar ausente	**bulunmamak**	[bulunmamak]
ausência (f)	**bulunmama**	[bulunmama]

70. Processos negociais. Parte 1

negócio (m)	**işletme**	[iʃletme]
ocupação (f)	**meslek, iş**	[meslek], [iʃ]
firma, empresa (f)	**firma**	[firma]
companhia (f)	**şirket**	[ʃirket]
corporação (f)	**kurum, kuruluş**	[kurum], [kuruluʃ]
empresa (f)	**şirket, girişim**	[ʃirket], [giriʃim]
agência (f)	**acente, ajans**	[aʤente], [aʒans]
acordo (documento)	**anlaşma**	[anlaʃma]
contrato (m)	**kontrat**	[kontrat]
acordo (transação)	**anlaşma**	[anlaʃma]
pedido (m)	**sipariş**	[sipariʃ]
termos (m pl)	**şart**	[ʃart]
por atacado	**toptan**	[toptan]
por atacado (adj)	**toptan olarak**	[toptan olarak]
venda (f) por atacado	**toptan satış**	[toptan satıʃ]
a varejo	**perakende**	[perakende]
venda (f) a varejo	**perakende satış**	[perakende satıʃ]
concorrente (m)	**rakip**	[rakip]
concorrência (f)	**rekabet**	[rekabet]
competir (vi)	**rekabet etmek**	[rekabet etmek]
sócio (m)	**ortak**	[ortak]
parceria (f)	**ortaklık**	[ortaklık]
crise (f)	**kriz**	[kriz]
falência (f)	**iflâs**	[iflas]
entrar em falência	**iflâs etmek**	[iflas etmek]
dificuldade (f)	**zorluk**	[zorluk]
problema (m)	**problem**	[problem]
catástrofe (f)	**felâket**	[felaket]
economia (f)	**ekonomi**	[ekonomi]
econômico (adj)	**ekonomik**	[ekonomik]
recessão (f) econômica	**ekonomik gerileme**	[ekonomik gerileme]
objetivo (m)	**amaç**	[amatʃ]
tarefa (f)	**görev**	[gørev]
comerciar (vi, vt)	**ticaret yapmak**	[tiʤaret japmak]
rede (de distribuição)	**zinciri**	[zinʤiri]
estoque (m)	**stok**	[stok]

sortimento (m)	çeşitlilik	[tʃeʃitlilik]
líder (m)	lider	[lider]
grande (~ empresa)	iri	[iri]
monopólio (m)	tekel	[tekel]

teoria (f)	teori	[teori]
prática (f)	pratik	[pratik]
experiência (f)	tecrübe	[tedʒrybe]
tendência (f)	eğilim	[eilim]
desenvolvimento (m)	gelişme	[geliʃme]

71. Processos negociais. Parte 2

rentabilidade (f)	kâr	[kjar]
rentável (adj)	kârlı	[kjarlı]

delegação (f)	delegasyon	[delegasjon]
salário, ordenado (m)	maaş	[maaʃ]
corrigir (~ um erro)	düzeltmek	[dyzeltmek]
viagem (f) de negócios	iş gezisi	[iʃ gezisi]
comissão (f)	komisyon	[komisjon]

controlar (vt)	kontrol etmek	[kontrol etmek]
conferência (f)	konferans	[konferans]
licença (f)	lisans	[lisans]
confiável (adj)	güvenilir	[gyvenilir]

empreendimento (m)	girişim	[girʃim]
norma (f)	norm	[norm]
circunstância (f)	olay, durum	[olaj], [durum]
dever (do empregado)	görev	[gørev]

empresa (f)	şirket	[ʃirket]
organização (f)	organize etme	[organize etme]
organizado (adj)	organize edilmiş	[organize edilmiʃ]
anulação (f)	iptal	[iptal]
anular, cancelar (vt)	iptal etmek	[iptal etmek]
relatório (m)	rapor	[rapor]

patente (f)	patent	[patent]
patentear (vt)	patentini almak	[patentini almak]
planejar (vt)	planlamak	[planlamak]

bônus (m)	prim	[prim]
profissional (adj)	profesyonel	[profesjonel]
procedimento (m)	prosedür	[prosedyr]

examinar (~ a questão)	gözden geçirmek	[gøzden getʃirmek]
cálculo (m)	hesap	[hesap]
reputação (f)	ün, nam	[yn], [nam]
risco (m)	risk	[risk]

dirigir (~ uma empresa)	yönetmek	[jønetmek]
informação (f)	bilgi	[bilgi]

propriedade (f)	mülkiyet	[mylkijet]
união (f)	birlik	[birlik]

seguro (m) de vida	hayat sigortası	[hajat sigortası]
fazer um seguro	sigorta ettirmek	[sigorta ettirmek]
seguro (m)	sigorta	[sigorta]

leilão (m)	açık artırma	[atʃık artırma]
notificar (vt)	bildirmek	[bildirmek]
gestão (f)	yönetim	[jønetim]
serviço (indústria de ~s)	hizmet	[hizmet]

fórum (m)	forum	[forum]
funcionar (vi)	işlemek	[iʃlemek]
estágio (m)	aşama	[aʃama]
jurídico, legal (adj)	hukuki	[hukuki]
advogado (m)	hukukçu	[hukuktʃu]

72. Produção. Trabalhos

usina (f)	imalathane	[imalataane]
fábrica (f)	fabrika	[fabrika]
oficina (f)	atölye	[atølje]
local (m) de produção	yapımevi	[japımevi]

indústria (f)	sanayi	[sanaji]
industrial (adj)	sanayi	[sanaji]
indústria (f) pesada	ağır sanayi	[aır sanaji]
indústria (f) ligeira	hafif sanayi	[hafif sanai]

produção (f)	ürünler	[yrynler]
produzir (vt)	üretmek	[yretmek]
matérias-primas (f pl)	ham madde	[ham madde]

chefe (m) de obras	ekip başı	[ekip baʃı]
equipe (f)	ekip	[ekip]
operário (m)	işçi	[iʃtʃi]

dia (m) de trabalho	iş günü	[iʃ gyny]
intervalo (m)	ara	[ara]
reunião (f)	toplantı	[toplantı]
discutir (vt)	görüşmek	[gøryʃmek]

plano (m)	plan	[plan]
cumprir o plano	planı gerçekleştirmek	[planı gertʃekleʃtirmek]
taxa (f) de produção	istihsal normu	[istihsal normu]
qualidade (f)	kalite	[kalite]
controle (m)	kontrol	[kontrol]
controle (m) da qualidade	kalite kontrolü	[kalite kontroly]

segurança (f) no trabalho	iş güvenliği	[iʃ gyvenli:i]
disciplina (f)	disiplin	[disiplin]
infração (f)	bozma	[bozma]
violar (as regras)	ihlal etmek	[ihlal etmek]

greve (f)	grev	[grev]
grevista (m)	grevci	[grevdʒi]
estar em greve	grev yapmak	[grev japmak]
sindicato (m)	sendika	[sendika]

inventar (vt)	icat etmek	[idʒat etmek]
invenção (f)	icat	[idʒat]
pesquisa (f)	araştırma	[araʃtırma]
melhorar (vt)	iyileştirmek	[ijileʃtirmek]
tecnologia (f)	teknoloji	[teknoloʒi]
desenho (m) técnico	teknik resim	[teknik resim]

carga (f)	yük	[juk]
carregador (m)	yükleyici	[juklejidʒi]
carregar (o caminhão, etc.)	yüklemek	[juklemek]
carregamento (m)	yükleme	[jukleme]
descarregar (vt)	boşaltmak	[boʃaltmak]
descarga (f)	boşaltma	[boʃaltma]

transporte (m)	ulaştırma	[ulaʃtırma]
companhia (f) de transporte	ulaştırma şirketi	[ulaʃtırma ʃirketi]
transportar (vt)	taşımak	[taʃımak]

vagão (m) de carga	yük vagonu	[juk vagonu]
tanque (m)	sarnıç	[sarnıtʃ]
caminhão (m)	kamyon	[kamjon]

máquina (f) operatriz	tezgâh	[tezgjah]
mecanismo (m)	mekanizma	[mekanizma]

resíduos (m pl) industriais	artıklar	[artıklar]
embalagem (f)	ambalajlama	[ambalaʒlama]
embalar (vt)	ambalajlamak	[ambaʒlamak]

73. Contrato. Acordo

contrato (m)	kontrat	[kontrat]
acordo (m)	sözleşme	[søzleʃme]
adendo, anexo (m)	ek, ilave	[ek], [ilave]

assinar o contrato	sözleşme imzalamak	[søzleʃme imzalamak]
assinatura (f)	imza	[imza]
assinar (vt)	imzalamak	[imzalamak]
carimbo (m)	mühür	[myhyr]

objeto (m) do contrato	sözleşme madde	[søzleʃme madde]
cláusula (f)	madde	[madde]
partes (f pl)	taraflar	[taraflar]
domicílio (m) legal	resmi adres	[resmi adres]

violar o contrato	sözleşmeyi ihlal etmek	[søzleʃmeji ihlal etmek]
obrigação (f)	yükümlülük	[jukymlylyk]
responsabilidade (f)	sorumluluk	[sorumluluk]
força (f) maior	fors majör	[fors maʒør]

| litígio (m), disputa (f) | tartışma | [tartıʃma] |
| multas (f pl) | cezalar | [dʒezalar] |

74. Importação & Exportação

importação (f)	ithalat	[ithalat]
importador (m)	ithalatçı	[ithalatʃı]
importar (vt)	ithal etmek	[ithal etmek]
de importação	ithal	[ithal]

exportação (f)	ihracat	[ihratʃat]
exportador (m)	ihracatçı	[ihradʒatʃı]
exportar (vt)	ihraç etmek	[ihratʃ etmek]
de exportação	ihraç	[ihratʃ]

| mercadoria (f) | mal | [mal] |
| lote (de mercadorias) | parti | [parti] |

peso (m)	ağırlık	[aırlık]
volume (m)	hacim	[hadʒim]
metro (m) cúbico	metre küp	[metre kyp]

produtor (m)	üretici	[yretidʒi]
companhia (f) de transporte	ulaştırma şirketi	[ulaʃtırma ʃirketi]
contêiner (m)	konteyner	[kontejner]

fronteira (f)	sınır	[sınır]
alfândega (f)	gümrük	[gymryk]
taxa (f) alfandegária	gümrük vergisi	[gymryk vergisi]
funcionário (m) da alfândega	gümrükçü	[gymryktʃu]
contrabando (atividade)	kaçakçılık	[katʃaktʃılık]
contrabando (produtos)	kaçak mal	[katʃak mal]

75. Finanças

ação (f)	hisse senedi	[hisse senedi]
obrigação (f)	tahvil	[tahvil]
nota (f) promissória	senet	[senet]

| bolsa (f) de valores | borsa | [borsa] |
| cotação (m) das ações | hisse senedi kuru | [hisse senedi kuru] |

| tornar-se mais barato | ucuzlamak | [udʒuzlamak] |
| tornar-se mais caro | pahalanmak | [pahalanmak] |

| parte (f) | pay | [paj] |
| participação (f) majoritária | çoğunluk hissesi | [tʃounluk hissesi] |

investimento (m)	yatırım	[jatırım]
investir (vt)	yatırım yapmak	[jatırım japmak]
porcentagem (f)	yüzde	[juzde]
juros (m pl)	faiz	[faiz]

lucro (m)	kâr	[kjar]
lucrativo (adj)	kârlı	[kjarlı]
imposto (m)	vergi	[vergi]

divisa (f)	döviz	[døviz]
nacional (adj)	milli	[milli]
câmbio (m)	kambiyo	[kambijo]

| contador (m) | muhasebeci | [muhasebedʒi] |
| contabilidade (f) | muhasebe | [muhasebe] |

falência (f)	batkı, iflâs	[batkı], [iflas]
falência, quebra (f)	batma	[batma]
ruína (f)	iflâs	[iflas]
estar quebrado	iflâs etmek	[iflas etmek]
inflação (f)	enflasyon	[enflasjon]
desvalorização (f)	devalüasyon	[devalyasjon]

capital (m)	sermaye	[sermaje]
rendimento (m)	gelir	[gelir]
volume (m) de negócios	muamele	[muamele]
recursos (m pl)	kaynaklar	[kajnaklar]
recursos (m pl) financeiros	finansal kaynaklar	[finansal kajnaklar]
despesas (f pl) gerais	sabit masraflar	[sabit masraflar]
reduzir (vt)	azaltmak	[azaltmak]

76. Marketing

marketing (m)	pazarlama	[pazarlama]
mercado (m)	piyasa	[pijasa]
segmento (m) do mercado	pazar dilimi	[pazar dilimi]
produto (m)	ürün	[yryn]
mercadoria (f)	mal	[mal]

marca (f)	marka	[marka]
marca (f) registrada	ticari marka	[tidʒari marka]
logotipo (m)	logo, işaret	[logo], [iʃaret]
logo (m)	logo	[logo]

| demanda (f) | talep | [talep] |
| oferta (f) | teklif | [teklif] |

| necessidade (f) | ihtiyaç | [ihtijatʃ] |
| consumidor (m) | tüketici | [tyketidʒi] |

| análise (f) | analiz | [analiz] |
| analisar (vt) | analiz etmek | [analiz etmek] |

| posicionamento (m) | konumlandırma | [konumlandırma] |
| posicionar (vt) | konumlandırmak | [konumlandırmak] |

preço (m)	fiyat	[fijat]
política (f) de preços	fiyat politikası	[fijat politikası]
formação (f) de preços	fiyat tespiti	[fijat tespiti]

77. Publicidade

publicidade (f)	reklam	[reklam]
fazer publicidade	reklam yapmak	[reklam japmak]
orçamento (m)	bütçe	[bytʃe]
anúncio (m)	reklam	[reklam]
publicidade (f) na TV	televizyon reklamı	[televizjon reklamı]
publicidade (f) na rádio	radyo reklamı	[radjo reklamı]
publicidade (f) exterior	dış reklam	[dıʃ reklam]
comunicação (f) de massa	kitle iletişim	[kitle iletiʃim]
periódico (m)	süreli yayın	[syreli jajın]
imagem (f)	imaj	[imaʒ]
slogan (m)	reklâm sloganı	[reklam sloganı]
mote (m), lema (f)	slogan, parola	[slogan], [parola]
campanha (f)	kampanya	[kampanja]
campanha (f) publicitária	reklam kampanyası	[reklam kampanjası]
grupo (m) alvo	hedef kitle	[hedef kitle]
cartão (m) de visita	kartvizit	[kartvizit]
panfleto (m)	beyanname	[bejanname]
brochura (f)	broşür	[broʃyr]
folheto (m)	kitapçık	[kitaptʃık]
boletim (~ informativo)	bülten	[bylten]
letreiro (m)	levha	[levha]
cartaz, pôster (m)	poster, afiş	[poster], [afiʃ]
painel (m) publicitário	reklam panosu	[reklam panosu]

78. Banca

banco (m)	banka	[banka]
balcão (f)	banka şubesi	[banka ʃubesı]
consultor (m) bancário	danışman	[danıʃman]
gerente (m)	yönetici	[jønetidʒi]
conta (f)	hesap	[hesap]
número (m) da conta	hesap numarası	[hesap numarası]
conta (f) corrente	çek hesabı	[tʃek hesabı]
conta (f) poupança	mevduat hesabı	[mevduat hesabı]
abrir uma conta	hesap açmak	[hesap atʃmak]
fechar uma conta	hesap kapatmak	[hesap kapatmak]
depositar na conta	para yatırmak	[para jatırmak]
sacar (vt)	hesaptan çekmek	[hesaptan tʃekmek]
depósito (m)	mevduat	[mevduat]
fazer um depósito	depozito vermek	[depozito vermek]
transferência (f) bancária	havale	[havale]

transferir (vt)	havale etmek	[havale etmek]
soma (f)	toplam	[toplam]
Quanto?	Kaç?	[katʃ]
assinatura (f)	imza	[imza]
assinar (vt)	imzalamak	[imzalamak]
cartão (m) de crédito	kredi kartı	[kredi kartı]
senha (f)	kod	[kod]
número (m) do cartão de crédito	kredi kartı numarası	[kredi kartı numarası]
caixa (m) eletrônico	bankamatik	[bankamatik]
cheque (m)	çek	[tʃek]
passar um cheque	çek yazmak	[tʃek jazmak]
talão (m) de cheques	çek defteri	[tʃek defteri]
empréstimo (m)	kredi	[kredi]
pedir um empréstimo	krediye başvurmak	[kredije baʃvurmak]
obter empréstimo	kredi almak	[kredi almak]
dar um empréstimo	kredi vermek	[kredi vermek]
garantia (f)	garanti	[garanti]

79. Telefone. Conversação telefônica

telefone (m)	telefon	[telefon]
celular (m)	cep telefonu	[dʒep telefonu]
secretária (f) eletrônica	telesekreter	[telesekreter]
fazer uma chamada	telefonla aramak	[telefonla aramak]
chamada (f)	arama, görüşme	[arama], [gøryʃme]
discar um número	numarayı aramak	[numarajı aramak]
Alô!	Alo!	[alø]
perguntar (vt)	sormak	[sormak]
responder (vt)	cevap vermek	[dʒevap vermek]
ouvir (vt)	duymak	[dujmak]
bem	iyi	[iji]
mal	kötü	[køty]
ruído (m)	parazit	[parazit]
fone (m)	telefon ahizesi	[telefon ahizesi]
pegar o telefone	açmak telefonu	[atʃmak telefonu]
desligar (vi)	telefonu kapatmak	[telefonu kapatmak]
ocupado (adj)	meşgul	[meʃgul]
tocar (vi)	çalmak	[tʃalmak]
lista (f) telefônica	telefon rehberi	[telefon rehberi]
local (adj)	şehiriçi	[ʃehiritʃi]
chamada (f) local	şehiriçi görüşme	[ʃehiritʃi gøryʃme]
de longa distância	şehirlerarası	[ʃehirlerarası]
chamada (f) de longa distância	şehirlerarası görüşme	[ʃehirlerarası gøryʃme]

| internacional (adj) | uluslararası | [uluslar arası] |
| chamada (f) internacional | uluslararası görüşme | [uluslararası gøryʃme] |

80. Telefone móvel

celular (m)	cep telefonu	[dʒep telefonu]
tela (f)	ekran	[ekran]
botão (m)	düğme	[dyjme]
cartão SIM (m)	SIM kartı	[sim kartı]

bateria (f)	pil	[pil]
descarregar-se (vr)	bitmek	[bitmek]
carregador (m)	şarj cihazı	[ʃarʒ dʒihazı]

| menu (m) | menü | [meny] |
| configurações (f pl) | ayarlar | [ajarlar] |

| melodia (f) | melodi | [melodi] |
| escolher (vt) | seçmek | [setʃmek] |

calculadora (f)	hesaplamalar	[hesaplamanar]
correio (m) de voz	söz postası	[søz postası]
despertador (m)	çalar saat	[tʃalar saat]
contatos (m pl)	rehber	[rehber]

| mensagem (f) de texto | SMS mesajı | [esemes mesaʒı] |
| assinante (m) | abone | [abone] |

81. Estacionário

| caneta (f) | tükenmez kalem | [tykenmez kalem] |
| caneta (f) tinteiro | dolma kalem | [dolma kalem] |

lápis (m)	kurşun kalem	[kurʃun kalem]
marcador (m) de texto	fosforlu kalem	[fosforlu kalem]
caneta (f) hidrográfica	keçeli kalem	[ketʃeli kalem]

| bloco (m) de notas | not defteri | [not defteri] |
| agenda (f) | ajanda | [aʒanda] |

régua (f)	cetvel	[dʒetvel]
calculadora (f)	hesap makinesi	[hesap makinesi]
borracha (f)	silgi	[silgi]

| alfinete (m) | raptiye | [raptije] |
| clipe (m) | ataş | [ataʃ] |

| cola (f) | yapıştırıcı | [japıʃtırıdʒı] |
| grampeador (m) | zımba | [zımba] |

| furador (m) de papel | delgeç | [delgetʃ] |
| apontador (m) | kalemtıraş | [kalem tıraʃ] |

82. Tipos de negócios

serviços (m pl) de contabilidade	muhasebe hizmetleri	[muhasebe hizmetleri]
publicidade (f)	reklam	[reklam]
agência (f) de publicidade	reklam acentesi	[reklam adʒentesi]
ar (m) condicionado	klimalar	[klimalar]
companhia (f) aérea	hava yolları şirketi	[hava jolları ʃirketi]
bebidas (f pl) alcoólicas	alkollü içecekler	[alkolly itʃedʒekler]
comércio (m) de antiguidades	antika	[antika]
galeria (f) de arte	sanat galerisi	[sanat galerisi]
serviços (m pl) de auditoria	muhasebe denetim servisi	[muhasebe denetim servisi]
negócios (m pl) bancários	bankacılık	[bankadʒılık]
bar (m)	bar	[bar]
salão (m) de beleza	güzellik salonu	[gyzellik salonu]
livraria (f)	kitabevi	[kitabevi]
cervejaria (f)	bira fabrikası	[bira fabrikası]
centro (m) de escritórios	iş merkezi	[iʃ merkezi]
escola (f) de negócios	ticaret okulu	[tidʒaret okulu]
cassino (m)	kazino	[kazino]
construção (f)	yapı, inşaat	[japı], [inʃaat]
consultoria (f)	danışmanlık	[danıʃmanlık]
clínica (f) dentária	dişçilik	[diʃtʃiklik]
design (m)	dizayn	[dizajn]
drogaria (f)	eczane	[edʒzane]
lavanderia (f)	kuru temizleme	[kuru temizleme]
agência (f) de emprego	iş bulma bürosu	[iʃ bulma byrosu]
serviços (m pl) financeiros	mali hizmetler	[mali hizmetler]
alimentos (m pl)	gıda ürünleri	[gıda jurynleri]
funerária (f)	cenaze evi	[dʒenaze evi]
mobiliário (m)	mobilya	[mobilja]
roupa (f)	elbise	[elbise]
hotel (m)	otel	[otel]
sorvete (m)	dondurma	[dondurma]
indústria (f)	sanayi	[sanaji]
seguro (~ de vida, etc.)	sigorta	[sigorta]
internet (f)	internet	[internet]
investimento (m)	yatırım	[jatırım]
joalheiro (m)	mücevherci	[mydʒevherʒi]
joias (f pl)	mücevherat	[mydʒevherat]
lavanderia (f)	çamaşırhane	[tʃamaʃırhane]
assessorias (f pl) jurídicas	hukuk müşaviri	[hukuk myʃaviri]
indústria (f) ligeira	hafif sanayi	[hafif sanai]
revista (f)	dergi	[dergi]
vendas (f pl) por catálogo	postayla satış	[postajla satıʃ]
medicina (f)	tıp	[tıp]

| cinema (m) | sinema | [sinema] |
| museu (m) | müze | [myze] |

agência (f) de notícias	haber ajansı	[haber aʒansı]
jornal (m)	gazete	[gazete]
boate (casa noturna)	gece kulübü	[gedʒe kulyby]

petróleo (m)	petrol	[petrol]
serviços (m pl) de remessa	kurye acentesi	[kurje adʒentesi]
indústria (f) farmacêutica	eczacılık	[edʒzadʒılık]
tipografia (f)	basımcılık	[basımdʒılık]
editora (f)	yayınevi	[jajınevi]

rádio (m)	radyo	[radjo]
imobiliário (m)	emlak	[emlak]
restaurante (m)	restoran	[restoran]

empresa (f) de segurança	güvenlik şirketi	[gyvenlik ʃirketi]
esporte (m)	spor	[spor]
bolsa (f) de valores	borsa	[borsa]
loja (f)	mağaza, dükkan	[maaza], [dykkan]
supermercado (m)	süpermarket	[sypermarket]
piscina (f)	havuz	[havuz]

alfaiataria (f)	atölye	[atølje]
televisão (f)	televizyon	[televizjon]
teatro (m)	tiyatro	[tijatro]
comércio (m)	satış, ticaret	[satıʃ], [tidʒaret]
serviços (m pl) de transporte	taşımacılık	[taʃımadʒılık]
viagens (f pl)	turizm	[turizm]

veterinário (m)	veteriner	[veteriner]
armazém (m)	depo	[depo]
recolha (f) do lixo	atık toplama	[atık toplama]

Emprego. Negócios. Parte 2

83. Espetáculo. Feira

feira, exposição (f)	fuar	[fuar]
feira (f) comercial	ticari gösteri	[tidʒari gøsteri]
participação (f)	katılım	[katılım]
participar (vi)	katılmak	[katılmak]
participante (m)	katılımcı	[katılımdʒı]
diretor (m)	müdür	[mydyr]
direção (f)	müdürlük	[mydyrlyk]
organizador (m)	düzenleyici	[dyzenlejidʒi]
organizar (vt)	düzenlemek	[dyzenlemek]
ficha (f) de inscrição	katılım formu	[katılım formu]
preencher (vt)	doldurmak	[doldurmak]
detalhes (m pl)	detaylar	[detajlar]
informação (f)	bilgi	[bilgi]
preço (m)	fiyat	[fijat]
incluindo	dahil	[dahil]
incluir (vt)	dahil etmek	[dahil etmek]
pagar (vt)	ödemek	[ødemek]
taxa (f) de inscrição	kayıt ücreti	[kajıt ydʒreti]
entrada (f)	giriş	[giriʃ]
pavilhão (m), salão (f)	pavyon	[pavjon]
inscrever (vt)	kaydetmek	[kajdetmek]
crachá (m)	yaka kartı	[jaka kartı]
stand (m)	fuar standı	[fuar standı]
reservar (vt)	rezerve etmek	[rezerve etmek]
vitrine (f)	vitrin	[vitrin]
lâmpada (f)	spot	[spot]
design (m)	dizayn	[dizajn]
pôr (posicionar)	yerleştirmek	[jerleʃtirmek]
distribuidor (m)	distribütör	[distribytør]
fornecedor (m)	üstenci	[ystendʒi]
país (m)	ülke	[ylke]
estrangeiro (adj)	yabancı	[jabandʒı]
produto (m)	ürün	[yryn]
associação (f)	cemiyet	[dʒemijet]
sala (f) de conferência	konferans salonu	[konferans salonu]
congresso (m)	kongre	[kongre]

concurso (m)	yarışma	[jarıʃma]
visitante (m)	ziyaretçi	[zijaretʃi]
visitar (vt)	ziyaret etmek	[zijaret etmek]
cliente (m)	müşteri	[myʃteri]

84. Ciência. Investigação. Cientistas

ciência (f)	bilim	[bilim]
científico (adj)	bilimsel, ilmi	[bilimsel], [ilmi]
cientista (m)	bilim adamı	[bilim adamı]
teoria (f)	teori	[teori]

axioma (m)	aksiyom	[aksijom]
análise (f)	analiz	[analiz]
analisar (vt)	analiz etmek	[analiz etmek]
argumento (m)	kanıt	[kanıt]
substância (f)	madde	[madde]

hipótese (f)	hipotez	[hipotez]
dilema (m)	ikilem	[ikilem]
tese (f)	tez	[tez]
dogma (m)	dogma	[dogma]

doutrina (f)	doktrin	[doktrin]
pesquisa (f)	araştırma	[araʃtırma]
pesquisar (vt)	araştırmak	[araʃtırmak]
testes (m pl)	deneme	[deneme]
laboratório (m)	laboratuvar	[laboratuvar]

método (m)	metot	[metot]
molécula (f)	molekül	[molekyl]
monitoramento (m)	gözleme	[gøzleme]
descoberta (f)	buluş	[buluʃ]

postulado (m)	varsayım	[varsajım]
princípio (m)	prensip	[prensip]
prognóstico (previsão)	tahmin	[tahmin]
prognosticar (vt)	tahmin etmek	[tahmin etmek]

síntese (f)	sentez	[sentez]
tendência (f)	eğilim	[eilim]
teorema (m)	teorem	[teorem]

ensinamentos (m pl)	ilke, öğreti	[ilke], [ø:reti]
fato (m)	gerçek	[gertʃek]
expedição (f)	bilimsel gezisi	[bilimzel gezisi]
experiência (f)	deney	[denej]

acadêmico (m)	akademisyen	[akademisjen]
bacharel (m)	bakalorya	[bakalorja]
doutor (m)	doktor	[doktor]
professor (m) associado	doçent	[dotʃent]
mestrado (m)	master	[master]
professor (m)	profesör	[profesør]

Profissões e ocupações

85. Procura de emprego. Demissão

trabalho (m)	iş	[iʃ]
equipe (f)	kadro	[kadro]
pessoal (m)	personel	[personel]
carreira (f)	kariyer	[karjer]
perspectivas (f pl)	istikbal	[istikbal]
habilidades (f pl)	ustalık	[ustalık]
seleção (f)	seçme	[setʃme]
agência (f) de emprego	iş bulma bürosu	[iʃ bulma byrosu]
currículo (m)	özet	[øzet]
entrevista (f) de emprego	mülakat	[mylakat]
vaga (f)	açık yer	[atʃık jer]
salário (m)	maaş	[maaʃ]
salário (m) fixo	sabit maaş	[sabit maaʃ]
pagamento (m)	ödeme	[ødeme]
cargo (m)	görev, iş	[gørev], [iʃ]
dever (do empregado)	görev	[gørev]
gama (f) de deveres	görev listesi	[gørev listesi]
ocupado (adj)	meşgul	[meʃgul]
despedir, demitir (vt)	işten çıkarmak	[iʃten tʃıkarmak]
demissão (f)	işten çıkarma	[iʃten tʃıkarma]
desemprego (m)	işsizlik	[iʃsizlik]
desempregado (m)	işsiz	[iʃsiz]
aposentadoria (f)	emekli maaşı	[emekli maaʃı]
aposentar-se (vr)	emekli olmak	[emekli olmak]

86. Gente de negócios

diretor (m)	müdür	[mydyr]
gerente (m)	yönetici	[jønetidʒi]
patrão, chefe (m)	yönetmen	[jønetmen]
superior (m)	şef	[ʃef]
superiores (m pl)	şefler	[ʃefler]
presidente (m)	başkan	[baʃkan]
chairman (m)	başkan	[baʃkan]
substituto (m)	yardımcı	[jardımdʒı]
assistente (m)	asistan	[asistan]

| secretário (m) | sekreter | [sekreter] |
| secretário (m) pessoal | özel sekreter | [øzel sekreter] |

homem (m) de negócios	iş adamı	[iʃ adamı]
empreendedor (m)	girişimci	[giriʃimdʒi]
fundador (m)	kurucu	[kurudʒu]
fundar (vt)	kurmak	[kurmak]

principiador (m)	müessis	[myessis]
parceiro, sócio (m)	ortak	[ortak]
acionista (m)	hissedar	[hissedar]

milionário (m)	milyoner	[miljoner]
bilionário (m)	milyarder	[miljarder]
proprietário (m)	sahip	[sahip]
proprietário (m) de terras	toprak sahibi	[toprak sahibi]

cliente (m)	müşteri	[myʃteri]
cliente (m) habitual	devamlı müşteri	[devamlı myʃteri]
comprador (m)	alıcı, müşteri	[alıdʒı], [myʃteri]
visitante (m)	ziyaretçi	[zijaretʃi]

profissional (m)	profesyonel	[profesjonel]
perito (m)	eksper	[eksper]
especialista (m)	uzman	[uzman]

| banqueiro (m) | bankacı | [bankadʒı] |
| corretor (m) | borsa simsarı | [borsa sımsarı] |

caixa (m, f)	kasiyer	[kasijer]
contador (m)	muhasebeci	[muhasebedʒi]
guarda (m)	güvenlik görevlisi	[gyvenlik gørevlisı]

investidor (m)	yatırımcı	[jatırımdʒı]
devedor (m)	borçlu	[bortʃlu]
credor (m)	alacaklı	[aladʒaklı]
mutuário (m)	ödünç alan	[ødyntʃ alan]

| importador (m) | ithalatçı | [ithalatʃı] |
| exportador (m) | ihracatçı | [ihradʒatʃı] |

produtor (m)	üretici	[yretidʒi]
distribuidor (m)	distribütör	[distribytør]
intermediário (m)	aracı	[aradʒı]

consultor (m)	danışman	[danıʃman]
representante comercial	temsilci	[temsildʒi]
agente (m)	acente, ajan	[adʒente], [aʒan]
agente (m) de seguros	sigorta acentesi	[sigorta adʒentesi]

87. Profissões de serviços

| cozinheiro (m) | aşçı | [aʃtʃı] |
| chefe (m) de cozinha | aşçıbaşı | [aʃtʃıbaʃı] |

padeiro (m)	fırıncı	[fırındʒı]
barman (m)	barmen	[barmen]
garçom (m)	garson	[garson]
garçonete (f)	kadın garson	[kadın garson]

advogado (m)	avukat	[avukat]
jurista (m)	hukukçu	[hukuktʃu]
notário (m)	noter	[noter]

eletricista (m)	elektrikçi	[elektriktʃi]
encanador (m)	tesisatçı	[tesisatʃı]
carpinteiro (m)	dülger	[dylger]

massagista (m)	masör	[masør]
massagista (f)	masör	[masør]
médico (m)	doktor, hekim	[doktor], [hekim]

taxista (m)	taksici	[taksidʒi]
condutor (automobilista)	şoför	[ʃofør]
entregador (m)	kurye	[kurje]

camareira (f)	hizmetçi	[hizmetʃi]
guarda (m)	güvenlik görevlisi	[gyvenlik gørevlisı]
aeromoça (f)	hostes	[hostes]

professor (m)	öğretmen	[ø:retmen]
bibliotecário (m)	kütüphane memuru	[kytyphane memuru]
tradutor (m)	çevirmen	[tʃevirmen]
intérprete (m)	tercüman	[terdʒyman]
guia (m)	rehber	[rehber]

cabeleireiro (m)	kuaför	[kuafør]
carteiro (m)	postacı	[postadʒı]
vendedor (m)	satıcı	[satıdʒı]

jardineiro (m)	bahçıvan	[bahtʃıvan]
criado (m)	hizmetçi	[hizmetʃi]
criada (f)	kadın hizmetçi	[kadın hizmetʃi]
empregada (f) de limpeza	temizlikçi	[temizliktʃi]

88. Profissões militares e postos

soldado (m) raso	er	[er]
sargento (m)	çavuş	[tʃavuʃ]
tenente (m)	teğmen	[teemen]
capitão (m)	yüzbaşı	[juzbaʃı]

major (m)	binbaşı	[binbaʃı]
coronel (m)	albay	[albaj]
general (m)	general	[general]
marechal (m)	mareşal	[mareʃal]
almirante (m)	amiral	[amiral]
militar (m)	askeri	[askeri]
soldado (m)	asker	[asker]

| oficial (m) | subay | [subaj] |
| comandante (m) | komutan | [komutan] |

guarda (m) de fronteira	sınır muhafızı	[sınır muhafızı]
operador (m) de rádio	telsiz operatörü	[telsiz operatøry]
explorador (m)	keşif eri	[keʃif eri]
sapador-mineiro (m)	istihkam eri	[istihkam eri]
atirador (m)	atıcı	[atıdʒı]
navegador (m)	seyrüseferci	[sejryseferdʒi]

89. Oficiais. Padres

| rei (m) | kral | [kral] |
| rainha (f) | kraliçe | [kralitʃe] |

| príncipe (m) | prens | [prens] |
| princesa (f) | prenses | [prenses] |

| czar (m) | çar | [tʃar] |
| czarina (f) | çariçe | [tʃaritʃe] |

presidente (m)	başkan	[baʃkan]
ministro (m)	bakan	[bakan]
primeiro-ministro (m)	başbakan	[baʃbakan]
senador (m)	senatör	[senatør]

diplomata (m)	diplomat	[diplomat]
cônsul (m)	konsolos	[konsolos]
embaixador (m)	büyükelçi	[byjukeltʃi]
conselheiro (m)	danışman	[danıʃman]

funcionário (m)	memur	[memur]
prefeito (m)	belediye başkanı	[beledije baʃkanı]
Presidente (m) da Câmara	belediye başkanı	[beledije baʃkanı]

| juiz (m) | yargıç | [jargıtʃ] |
| procurador (m) | savcı | [savdʒı] |

missionário (m)	misyoner	[misjoner]
monge (m)	keşiş	[keʃiʃ]
abade (m)	başrahip	[baʃrahip]
rabino (m)	haham	[haham]

vizir (m)	vezir	[vezir]
xá (m)	şah	[ʃah]
xeique (m)	şeyh	[ʃejh]

90. Profissões agrícolas

abelheiro (m)	arıcı	[arıdʒı]
pastor (m)	çoban	[tʃoban]
agrônomo (m)	tarım uzmanı	[tarım uzmanı]

criador (m) de gado	hayvan besleyicisi	[hajvan beslejidʒisi]
veterinário (m)	veteriner	[veteriner]

agricultor, fazendeiro (m)	çiftçi	[tʃiftʃi]
vinicultor (m)	şarap üreticisi	[ʃarap yretidʒisi]
zoólogo (m)	zoolog	[zoolog]
vaqueiro (m)	kovboy	[kovboj]

91. Profissões artísticas

ator (m)	aktör	[aktør]
atriz (f)	aktris	[aktris]

cantor (m)	şarkıcı	[ʃarkɪdʒɪ]
cantora (f)	şarkıcı	[ʃarkɪdʒɪ]

bailarino (m)	dansçı	[danstʃɪ]
bailarina (f)	dansöz	[dansøz]

artista (m)	sanatçı	[sanatʃɪ]
artista (f)	sanatçı	[sanatʃɪ]

músico (m)	müzisyen	[myzisjen]
pianista (m)	piyanocu	[pijanodʒu]
guitarrista (m)	gitarcı	[gitaradʒɪ]

maestro (m)	orkestra şefi	[okrestra ʃefi]
compositor (m)	besteci	[bestedʒi]
empresário (m)	emprezaryo	[emprezarjo]

diretor (m) de cinema	yönetmen	[jønetmen]
produtor (m)	yapımcı	[japɪmdʒɪ]
roteirista (m)	senaryo yazarı	[senarjo jazarɪ]
crítico (m)	eleştirmen	[eleʃtirmen]

escritor (m)	yazar	[jazar]
poeta (m)	şair	[ʃair]
escultor (m)	heykelci	[hejkeldʒi]
pintor (m)	ressam	[ressam]

malabarista (m)	hokkabaz	[hokkabaz]
palhaço (m)	palyaço	[paljatʃo]
acrobata (m)	cambaz	[dʒambaz]
ilusionista (m)	sihirbaz	[sihirbaz]

92. Várias profissões

médico (m)	doktor, hekim	[doktor], [hekim]
enfermeira (f)	hemşire	[hemʃire]
psiquiatra (m)	psikiyatr	[psikijatr]
dentista (m)	dişçi	[diʃtʃi]
cirurgião (m)	cerrah	[dʒerrah]

astronauta (m)	**astronot**	[astronot]
astrônomo (m)	**astronom**	[astronom]
piloto (m)	**pilot**	[pilot]

motorista (m)	**şoför**	[ʃofør]
maquinista (m)	**makinist**	[makinist]
mecânico (m)	**mekanik**	[mekanik]

mineiro (m)	**maden işçisi**	[maden iʃtʃisi]
operário (m)	**işçi**	[iʃtʃi]
serralheiro (m)	**tesisatçı**	[tesisatʃı]
marceneiro (m)	**marangoz**	[marangoz]
torneiro (m)	**tornacı**	[tornadʒı]
construtor (m)	**inşaat işçisi**	[inʃaat iʃtʃisı]
soldador (m)	**kaynakçı**	[kajnaktʃı]

professor (m)	**profesör**	[profesør]
arquiteto (m)	**mimar**	[mimar]
historiador (m)	**tarihçi**	[tarihtʃi]
cientista (m)	**bilim adamı**	[bilim adamı]
físico (m)	**fizik bilgini**	[fizik bilgini]
químico (m)	**kimyacı**	[kimjadʒı]

arqueólogo (m)	**arkeolog**	[arkeolog]
geólogo (m)	**jeolog**	[ʒeolog]
pesquisador (cientista)	**araştırmacı**	[araʃtırmadʒi]

babysitter, babá (f)	**çocuk bakıcısı**	[tʃodʒuk bakıdʒısı]
professor (m)	**öğretmen**	[ø:retmen]

redator (m)	**editör**	[editør]
redator-chefe (m)	**baş editör**	[baʃ editør]
correspondente (m)	**muhabir**	[muhabir]
datilógrafa (f)	**daktilocu**	[daktilodʒu]

designer (m)	**dizayncı**	[dizajndʒı]
especialista (m) em informática	**bilgisayarcı**	[bilgisajardʒı]
programador (m)	**programcı**	[programdʒı]
engenheiro (m)	**mühendis**	[myhendis]

marujo (m)	**denizci**	[denizdʒi]
marinheiro (m)	**tayfa**	[tajfa]
socorrista (m)	**cankurtaran**	[dʒankurtaran]

bombeiro (m)	**itfaiyeci**	[itfajedʒi]
polícia (m)	**erkek polis**	[erkek polis]
guarda-noturno (m)	**bekçi**	[bektʃi]
detetive (m)	**hafiye**	[hafije]

funcionário (m) da alfândega	**gümrükçü**	[gymryktʃu]
guarda-costas (m)	**koruma görevlisi**	[koruma gørevlis]
guarda (m) prisional	**gardiyan**	[gardijan]
inspetor (m)	**müfettiş**	[myfettiʃ]
esportista (m)	**sporcu**	[spordʒu]
treinador (m)	**antrenör**	[antrenør]

açougueiro (m)	kasap	[kasap]
sapateiro (m)	ayakkabıcı	[ajakkabıdʒı]
comerciante (m)	tüccar	[tydʒar]
carregador (m)	yükleyici	[juklejidʒi]

| estilista (m) | modelci | [modeldʒi] |
| modelo (f) | manken | [manken] |

93. Ocupações. Estatuto social

| estudante (~ de escola) | erkek öğrenci | [erkek ø:rendʒi] |
| estudante (~ universitária) | öğrenci | [ø:rendʒi] |

filósofo (m)	felsefeci	[felsefedʒi]
economista (m)	iktisatçı	[iktisatʃı]
inventor (m)	mucit	[mudʒit]

desempregado (m)	işsiz	[iʃsiz]
aposentado (m)	emekli	[emekli]
espião (m)	ajan, casus	[aʒan], [dʒasus]

preso, prisioneiro (m)	tutuklu	[tutuklu]
grevista (m)	grevci	[grevdʒi]
burocrata (m)	bürokrat	[byrokrat]
viajante (m)	gezgin	[gezgin]

| homossexual (m) | homoseksüel | [homoseksyel] |
| hacker (m) | hekır | [hekır] |

bandido (m)	haydut	[hajdut]
assassino (m)	kiralık katil	[kiralık katil]
drogado (m)	uyuşturucu bağımlısı	[ujuʃturudʒu baımlısı]
traficante (m)	uyuşturucu taciri	[ujuʃturudʒu tadʒiri]
prostituta (f)	fahişe	[fahiʃe]
cafetão (m)	kadın tüccarı	[kadın tydʒarı]

bruxo (m)	büyücü	[byjudʒy]
bruxa (f)	büyücü kadın	[byjudʒy kadın]
pirata (m)	korsan	[korsan]
escravo (m)	köle	[køle]
samurai (m)	samuray	[samuraj]
selvagem (m)	vahşi	[vahʃi]

Educação

94. Escola

escola (f)	okul	[okul]
diretor (m) de escola	okul müdürü	[okul mydyry]
aluno (m)	öğrenci	[ø:rendʒi]
aluna (f)	kız öğrenci	[kız ø:rendʒi]
estudante (m)	öğrenci	[ø:rendʒi]
estudante (f)	kız öğrenci	[kız ø:rendʒi]
ensinar (vt)	öğretmek	[ø:retmek]
aprender (vt)	öğrenmek	[ø:renmek]
decorar (vt)	ezberlemek	[ezberlemek]
estudar (vi)	öğrenmek	[ø:renmek]
estar na escola	okula gitmek	[okula gitmek]
alfabeto (m)	alfabe	[alfabe]
disciplina (f)	ders	[ders]
sala (f) de aula	sınıf	[sınıf]
lição, aula (f)	ders	[ders]
recreio (m)	teneffüs	[teneffys]
toque (m)	zil	[zil]
classe (f)	okul sırası	[okul sırası]
quadro (m) negro	kara tahta	[kara tahta]
nota (f)	not	[not]
boa nota (f)	iyi not	[iji not]
nota (f) baixa	kötü not	[køty not]
dar uma nota	not vermek	[not vermek]
erro (m)	hata	[hata]
errar (vi)	hata yapmak	[hata japmak]
corrigir (~ um erro)	düzeltmek	[dyzeltmek]
cola (f)	kopya	[kopja]
dever (m) de casa	ev ödevi	[ev ødevi]
exercício (m)	egzersiz	[egzersiz]
estar presente	bulunmak	[bulunmak]
estar ausente	bulunmamak	[bulunmamak]
punir (vt)	cezalandırmak	[dʒezalandırmak]
punição (f)	ceza	[dʒeza]
comportamento (m)	davranış	[davranıʃ]
boletim (m) escolar	karne	[karne]
lápis (m)	kurşun kalem	[kurʃun kalem]

borracha (f)	silgi	[silgi]
giz (m)	tebeşir	[tebeʃir]
porta-lápis (m)	kalemlik	[kalemlik]

mala, pasta, mochila (f)	çanta	[ʧanta]
caneta (f)	tükenmez kalem	[tykenmez kalem]
caderno (m)	defter	[defter]
livro (m) didático	ders kitabı	[ders kitabı]
compasso (m)	pergel	[pergel]

traçar (vt)	çizmek	[ʧizmek]
desenho (m) técnico	teknik resim	[teknik resim]

poesia (f)	şiir	[ʃi:ir]
de cor	ezbere	[ezbere]
decorar (vt)	ezberlemek	[ezberlemek]

férias (f pl)	okul tatili	[okul tatili]
estar de férias	tatilde olmak	[tatilde olmak]

teste (m), prova (f)	sınav	[sınaf]
redação (f)	kompozisyon	[kompozisjon]
ditado (m)	dikte	[dikte]
exame (m), prova (f)	sınav	[sınaf]
fazer prova	sınav olmak	[sınav olmak]
experiência (~ química)	deney	[denej]

95. Colégio. Universidade

academia (f)	akademi	[akademi]
universidade (f)	üniversite	[yniversite]
faculdade (f)	fakülte	[fakylte]

estudante (m)	öğrenci	[ø:rendʒi]
estudante (f)	öğrenci	[ø:rendʒi]
professor (m)	öğretmen	[ø:retmen]
auditório (m)	dersane	[dersane]
graduado (m)	mezun	[mezun]
diploma (m)	diploma	[diploma]
tese (f)	tez	[tez]
estudo (obra)	inceleme	[indʒeleme]
laboratório (m)	laboratuvar	[laboratuvar]

palestra (f)	ders	[ders]
colega (m) de curso	sınıf arkadaşı	[sınıf arkadaʃı]
bolsa (f) de estudos	burs	[burs]
grau (m) acadêmico	akademik derece	[akademik deredʒe]

96. Ciências. Disciplinas

matemática (f)	matematik	[matematik]
álgebra (f)	cebir	[dʒebir]

geometria (f)	geometri	[geometri]
astronomia (f)	astronomi	[astronomi]
biologia (f)	biyoloji	[bioloʒi]
geografia (f)	coğrafya	[dʒoorafja]
geologia (f)	jeoloji	[ʒeoloʒi]
história (f)	tarih	[tarih]

medicina (f)	tıp	[tɪp]
pedagogia (f)	pedagoji	[pedagoʒi]
direito (m)	hukuk	[hukuk]

física (f)	fizik	[fizik]
química (f)	kimya	[kimja]
filosofia (f)	felsefe	[felsefe]
psicologia (f)	psikoloji	[psikoloʒi]

97. Sistema de escrita. Ortografia

gramática (f)	gramer	[gramer]
vocabulário (m)	kelime hazinesi	[kelime hazinesi]
fonética (f)	fonetik	[fonetik]

substantivo (m)	isim	[isim]
adjetivo (m)	sıfat	[sɪfat]
verbo (m)	fiil	[fi:il]
advérbio (m)	zarf	[zarf]

pronome (m)	zamir	[zamir]
interjeição (f)	ünlem	[ynlem]
preposição (f)	edat, ilgeç	[edat], [ilgetʃ]

raiz (f)	kelime kökü	[kelime køky]
terminação (f)	sonek	[sonek]
prefixo (m)	ön ek	[øn ek]
sílaba (f)	hece	[hedʒe]
sufixo (m)	son ek	[son ek]

acento (m)	vurgu	[vurgu]
apóstrofo (f)	apostrof	[apostrof]

ponto (m)	nokta	[nokta]
vírgula (f)	virgül	[virgyl]
ponto e vírgula (m)	noktalı virgül	[noktalı virgyl]
dois pontos (m pl)	iki nokta	[iki nokta]
reticências (f pl)	üç nokta	[ytʃ nokta]

ponto (m) de interrogação	soru işareti	[soru iʃareti]
ponto (m) de exclamação	ünlem işareti	[ynlem iʃareti]

aspas (f pl)	tırnak	[tırnak]
entre aspas	tırnak içinde	[tırnak itʃinde]
parênteses (m pl)	parantez	[parantez]
entre parênteses	parantez içinde	[parantez itʃinde]
hífen (m)	kısa çizgi	[kısa tʃizgi]

travessão (m)	tire	[tire]
espaço (m)	boşluk, ara	[boʃluk], [ara]
letra (f)	harf	[harf]
letra (f) maiúscula	büyük harf	[byjuk harf]
vogal (f)	ünlü, sesli	[ynly], [sesli]
consoante (f)	ünsüz, sessiz	[ynsyz], [sessiz]
frase (f)	cümle	[dʒymle]
sujeito (m)	özne	[øzne]
predicado (m)	yüklem	[juklem]
linha (f)	satır	[satır]
em uma nova linha	yeni satırdan	[jeni satırdan]
parágrafo (m)	paragraf	[paragraf]
palavra (f)	söz, kelime	[søz], [kelime]
grupo (m) de palavras	kelime grubu	[kelime grubu]
expressão (f)	deyim, ifade	[dejim], [ifade]
sinônimo (m)	eşanlamlı sözcük	[eʃanlamlı søzdʒyk]
antônimo (m)	karşıt anlamlı sözcük	[karʃıt anlamlı søzdʒyk]
regra (f)	kural	[kural]
exceção (f)	istisna	[istisna]
correto (adj)	doğru	[dooru]
conjugação (f)	fiil çekimi	[fi:il tʃekimi]
declinação (f)	isim çekimi	[isim tʃekimi]
caso (m)	hal	[hal]
pergunta (f)	soru	[soru]
sublinhar (vt)	altını çizmek	[altını tʃizmek]
linha (f) pontilhada	noktalar	[noktalar]

98. Línguas estrangeiras

língua (f)	dil	[dil]
estrangeiro (adj)	yabancı	[jabandʒı]
língua (f) estrangeira	yabancı dil	[jabandʒı dil]
estudar (vt)	öğrenim görmek	[ø:renim gørmek]
aprender (vt)	öğrenmek	[ø:renmek]
ler (vt)	okumak	[okumak]
falar (vi)	konuşmak	[konuʃmak]
entender (vt)	anlamak	[anlamak]
escrever (vt)	yazmak	[jazmak]
rapidamente	çabuk	[tʃabuk]
devagar, lentamente	yavaş	[javaʃ]
fluentemente	akıcı bir şekilde	[akıdʒı bir ʃekilde]
regras (f pl)	kurallar	[kurallar]
gramática (f)	gramer	[gramer]
vocabulário (m)	kelime hazinesi	[kelime hazinesi]

fonética (f)	**fonetik**	[fonetik]
livro (m) didático	**ders kitabı**	[ders kitabı]
dicionário (m)	**sözlük**	[søzlyk]
manual (m) autodidático	**öz eğitim rehberi**	[øz eitim rehberi]
guia (m) de conversação	**konuşma kılavuzu**	[konuʃma kılavuzu]
fita (f) cassete	**kaset**	[kaset]
videoteipe (m)	**videokaset**	[videokaset]
CD (m)	**CD**	[sidi]
DVD (m)	**DVD**	[dividi]
alfabeto (m)	**alfabe**	[alfabe]
soletrar (vt)	**hecelemek**	[hedʒelemek]
pronúncia (f)	**telâffuz**	[telaffyz]
sotaque (m)	**aksan**	[aksan]
com sotaque	**aksan ile**	[aksan ile]
sem sotaque	**aksansız**	[aksansız]
palavra (f)	**kelime**	[kelime]
sentido (m)	**mana**	[mana]
curso (m)	**kurslar**	[kurslar]
inscrever-se (vr)	**yazılmak**	[jazılmak]
professor (m)	**öğretmen**	[ø:retmen]
tradução (processo)	**çeviri**	[tʃeviri]
tradução (texto)	**tercüme**	[terdʒyme]
tradutor (m)	**çevirmen**	[tʃevirmen]
intérprete (m)	**tercüman**	[terdʒyman]
poliglota (m)	**birçok dil bilen**	[birtʃok dil bilen]
memória (f)	**hafıza**	[hafıza]

Descanso. Entretenimento. Viagens

99. Viagens

turismo (m)	turizm	[turizm]
turista (m)	turist	[turist]
viagem (f)	seyahat	[sejahat]
aventura (f)	macera	[madʒera]
percurso (curta viagem)	gezi	[gezi]
férias (f pl)	izin	[izin]
estar de férias	izinli olmak	[izinli olmak]
descanso (m)	istirahat	[istirahat]
trem (m)	tren	[tren]
de trem (chegar ~)	trenle	[trenle]
avião (m)	uçak	[utʃak]
de avião	uçakla	[utʃakla]
de carro	arabayla	[arabajla]
de navio	gemide	[gemide]
bagagem (f)	bagaj	[bagaʒ]
mala (f)	bavul	[bavul]
carrinho (m)	bagaj arabası	[bagaʒ arabası]
passaporte (m)	pasaport	[pasaport]
visto (m)	vize	[vize]
passagem (f)	bilet	[bilet]
passagem (f) aérea	uçak bileti	[utʃak bileti]
guia (m) de viagem	rehber	[rehber]
mapa (m)	harita	[harita]
área (f)	alan	[alan]
lugar (m)	yer	[jer]
exotismo (m)	egzotik	[ekzotik]
exótico (adj)	egzotik	[ekzotik]
surpreendente (adj)	şaşırtıcı	[ʃaʃırtıdʒı]
grupo (m)	grup	[grup]
excursão (f)	gezi	[gezi]
guia (m)	rehber	[rehber]

100. Hotel

hotel (m)	otel	[otel]
motel (m)	motel	[motel]
três estrelas	üç yıldızlı	[ytʃ jıldızlı]

cinco estrelas	beş yıldızlı	[beʃ jıldızlı]
ficar (vi, vt)	kalmak	[kalmak]
quarto (m)	oda	[oda]
quarto (m) individual	tek kişilik oda	[tek kiʃilik oda]
quarto (m) duplo	iki kişilik oda	[iki kiʃilik oda]
reservar um quarto	oda ayırtmak	[oda aırtmak]
meia pensão (f)	yarım pansiyon	[jarım pansjon]
pensão (f) completa	tam pansiyon	[tam pansjon]
com banheira	banyolu	[banjolu]
com chuveiro	duşlu	[duʃlu]
televisão (m) por satélite	uydu televizyonu	[ujdu televizjonu]
ar (m) condicionado	klima	[klima]
toalha (f)	havlu	[havlu]
chave (f)	anahtar	[anahtar]
administrador (m)	idareci	[idaredʒi]
camareira (f)	hizmetçi	[hizmetʃi]
bagageiro (m)	hamal	[hamal]
porteiro (m)	kapıcı	[kapıdʒı]
restaurante (m)	restoran	[restoran]
bar (m)	bar	[bar]
café (m) da manhã	kahvaltı	[kahvaltı]
jantar (m)	akşam yemeği	[akʃam jemei]
bufê (m)	açık büfe	[atʃık byfe]
saguão (m)	lobi	[lobi]
elevador (m)	asansör	[asansør]
NÃO PERTURBE	RAHATSIZ ETMEYIN	[rahatsız etmejin]
PROIBIDO FUMAR!	SİGARA İÇİLMEZ	[sigara itʃilmez]

EQUIPAMENTO TÉCNICO. TRANSPORTES

Equipamento técnico. Transportes

101. Computador

computador (m)	bilgisayar	[bilgisajar]
computador (m) portátil	dizüstü bilgisayar	[dizysty bilgisajar]
ligar (vt)	açmak	[atʃmak]
desligar (vt)	kapatmak	[kapatmak]
teclado (m)	klavye	[klavje]
tecla (f)	tuş	[tuʃ]
mouse (m)	fare	[fare]
tapete (m) para mouse	fare altlığı	[fare altlı:ı]
botão (m)	tuş	[tuʃ]
cursor (m)	fare imleci	[fare imledʒi]
monitor (m)	monitör	[monitør]
tela (f)	ekran	[ekran]
disco (m) rígido	sabit disk	[sabit disk]
capacidade (f) do disco rígido	sabit disk hacmi	[sabit disk hadʒmi]
memória (f)	bellek	[bellek]
memória RAM (f)	RAM belleği	[ram bellei]
arquivo (m)	dosya	[dosja]
pasta (f)	klasör	[klasør]
abrir (vt)	açmak	[atʃmak]
fechar (vt)	kapatmak	[kapatmak]
salvar (vt)	kaydetmek	[kajdetmek]
deletar (vt)	silmek	[silmek]
copiar (vt)	kopyalamak	[kopjalamak]
ordenar (vt)	sıralamak	[sıralamak]
copiar (vt)	kopyalamak	[kopjalamak]
programa (m)	program	[program]
software (m)	yazılım	[jazılım]
programador (m)	programcı	[programdʒı]
programar (vt)	program yapmak	[program japmak]
hacker (m)	hekır	[hekır]
senha (f)	parola	[parola]
vírus (m)	virüs	[virys]
detectar (vt)	tespit etmek, bulmak	[tespit etmek], [bulmak]
byte (m)	bayt	[bajt]

megabyte (m)	megabayt	[megabajt]
dados (m pl)	veri, data	[veri], [data]
base (f) de dados	veritabanı	[veritabanı]

cabo (m)	kablo	[kablo]
desconectar (vt)	bağlantıyı kesmek	[baalantıi kesmek]
conectar (vt)	bağlamak	[baalamak]

102. Internet. E-mail

internet (f)	internet	[internet]
browser (m)	gözatıcı	[gøzatidʒı]
motor (m) de busca	arama motoru	[arama motoru]
provedor (m)	Internet sağlayıcı	[internet saalaıdʒı]

webmaster (m)	Web master	[veb master]
website (m)	internet sitesi	[internet sitesi]
web page (f)	internet sayfası	[internet sajfası]

| endereço (m) | adres | [adres] |
| livro (m) de endereços | adres defteri | [adres defteri] |

| caixa (f) de correio | posta kutusu | [posta kutusu] |
| correio (m) | posta | [posta] |

mensagem (f)	mesaj	[mesaʒ]
mensagens (f pl) recebidas	gelen mesajlar	[gelen mesajlar]
mensagens (f pl) enviadas	giden mesajlar	[giden mesajlar]
remetente (m)	gönderen	[gønderen]
enviar (vt)	göndermek	[gøndermek]
envio (m)	gönderme	[gønderme]

| destinatário (m) | alıcı | [alıdʒı] |
| receber (vt) | almak | [almak] |

| correspondência (f) | yazışma | [jazıʃma] |
| corresponder-se (vr) | yazışmak | [jazıʃmak] |

arquivo (m)	dosya	[dosja]
fazer download, baixar (vt)	indirmek	[indirmek]
criar (vt)	oluşturmak	[oluʃturmak]
deletar (vt)	silmek	[silmek]
deletado (adj)	silinmiş	[silinmiʃ]

conexão (f)	bağlantı	[baalantı]
velocidade (f)	hız	[hız]
modem (m)	modem	[modem]
acesso (m)	erişim	[eriʃim]
porta (f)	port, giriş yeri	[port], [giriʃ jeri]

conexão (f)	bağlantı	[baalantı]
conectar (vi)	… bağlanmak	[baalanmak]
escolher (vt)	seçmek	[setʃmek]
buscar (vt)	aramak	[aramak]

103. Eletricidade

eletricidade (f)	elektrik	[elektrik]
elétrico (adj)	elektrik, elektrikli	[elektrik], [elektrikli]
planta (f) elétrica	elektrik istasyonu	[elektrik istasjonu]
energia (f)	enerji	[enerʒi]
energia (f) elétrica	elektrik enerjisi	[elektrik enerʒisi]
lâmpada (f)	ampul	[ampul]
lanterna (f)	fener	[fener]
poste (m) de iluminação	sokak lambası	[sokak lambası]
luz (f)	ışık	[ıʃık]
ligar (vt)	açmak	[atʃmak]
desligar (vt)	kapatmak	[kapatmak]
apagar a luz	ışıkları kapatmak	[ıʃıkları kapatmak]
queimar (vi)	yanıp bitmek	[janıp bitmek]
curto-circuito (m)	kısa devre	[kısa devre]
ruptura (f)	kopuk tel	[kopuk tel]
contato (m)	kontak	[kontak]
interruptor (m)	elektrik düğmesi	[elektrik dyjmesi]
tomada (de parede)	priz	[priz]
plugue (m)	fiş	[fiʃ]
extensão (f)	uzatma kablosu	[uzatma kablosu]
fusível (m)	sigorta	[sigorta]
fio, cabo (m)	tel	[tel]
instalação (f) elétrica	elektrik hatları	[elektrik hatları]
ampère (m)	amper	[amper]
amperagem (f)	akim yeginligi	[akim jeginligi]
volt (m)	volt	[volt]
voltagem (f)	gerilim	[gerilim]
aparelho (m) elétrico	elektrikli alet	[elektrikli alet]
indicador (m)	indikatör	[indikatør]
eletricista (m)	elektrikçi	[elektriktʃi]
soldar (vt)	lehimlemek	[lehimlemek]
soldador (m)	lehim aleti	[lehim aletı]
corrente (f) elétrica	akım, cereyan	[akım], [dʒerejan]

104. Ferramentas

ferramenta (f)	alet	[alet]
ferramentas (f pl)	aletler	[aletler]
equipamento (m)	ekipman	[ekipman]
martelo (m)	çekiç	[tʃekitʃ]
chave (f) de fenda	tornavida	[tornavida]
machado (m)	balta	[balta]

serra (f)	**testere**	[testere]
serrar (vt)	**testere ile kesmek**	[testere ile kesmek]
plaina (f)	**rende**	[rende]
aplainar (vt)	**rendelemek**	[rendelemek]
soldador (m)	**lehim aleti**	[lehim aletı]
soldar (vt)	**lehimlemek**	[lehimlemek]

lima (f)	**eğe**	[eje]
tenaz (f)	**kerpeten**	[kerpeten]
alicate (m)	**pense**	[pense]
formão (m)	**keski**	[keski]

broca (f)	**matkap ucu**	[matkap udʒu]
furadeira (f) elétrica	**elektrikli matkap**	[elektrikli matkap]
furar (vt)	**delmek**	[delmek]

faca (f)	**bıçak**	[bɪtʃak]
canivete (m)	**çakı**	[tʃakı]
lâmina (f)	**ağız**	[aɪz]

afiado (adj)	**sivri, keskin**	[sivri], [keskin]
cego (adj)	**kör**	[kør]
embotar-se (vr)	**körleşmek**	[kørleʃmek]
afiar, amolar (vt)	**keskinleştirmek**	[keskinleʃtirmek]

parafuso (m)	**cıvata**	[dʒɪvata]
porca (f)	**somun**	[somun]
rosca (f)	**vida dişi**	[vida diʃi]
parafuso (para madeira)	**vida**	[vida]

prego (m)	**çivi**	[tʃivi]
cabeça (f) do prego	**çivi başı**	[tʃivi baʃı]

régua (f)	**cetvel**	[dʒetvel]
fita (f) métrica	**şerit metre**	[ʃerit metre]
nível (m)	**su terazisi**	[su terazisi]
lupa (f)	**büyüteç**	[byjutetʃ]

medidor (m)	**ölçme aleti**	[øltʃme aleti]
medir (vt)	**ölçmek**	[øltʃmek]
escala (f)	**skala, ölçek**	[skala], [øltʃek]
indicação (f), registro (m)	**gösterge değeri**	[gøsterge deeri]

compressor (m)	**kompresör**	[kompresør]
microscópio (m)	**mikroskop**	[mikroskop]

bomba (f)	**pompa**	[pompa]
robô (m)	**robot**	[robot]
laser (m)	**lazer**	[lazer]

chave (f) de boca	**somun anahtarı**	[somun anahtarı]
fita (f) adesiva	**koli bantı**	[koli bantı]
cola (f)	**yapıştırıcı**	[japıʃtırıdʒı]

lixa (f)	**zımpara**	[zımpara]
mola (f)	**yay**	[jaj]

ímã (m)	**mıknatıs**	[mıknatıs]
luva (f)	**eldiven**	[eldiven]
corda (f)	**ip**	[ip]
cabo (~ de nylon, etc.)	**kordon, ip**	[kordon], [ip]
fio (m)	**tel**	[tel]
cabo (~ elétrico)	**kablo**	[kablo]
marreta (f)	**varyos**	[varjos]
pé de cabra (m)	**levye**	[levje]
escada (f) de mão	**merdiven**	[merdiven]
escada (m)	**dayama merdiven**	[dajama merdiven]
enroscar (vt)	**sıkıştırmak**	[sıkıʃtırmak]
desenroscar (vt)	**sökmek**	[søkmek]
apertar (vt)	**sıkıştırmak**	[sıkıʃtırmak]
colar (vt)	**yapıştırmak**	[japıʃtırmak]
cortar (vt)	**kesmek**	[kesmek]
falha (f)	**arıza**	[arıza]
conserto (m)	**tamirat**	[tamirat]
consertar, reparar (vt)	**tamir etmek**	[tamir etmek]
regular, ajustar (vt)	**ayarlamak**	[ajarlamak]
verificar (vt)	**kontrol etmek**	[kontrol etmek]
verificação (f)	**kontrol, deneme**	[kontrol], [deneme]
indicação (f), registro (m)	**gösterge değeri**	[gøsterge deeri]
seguro (adj)	**sağlam**	[saalam]
complicado (adj)	**karmaşık**	[karmaʃık]
enferrujar (vi)	**paslanmak**	[paslanmak]
enferrujado (adj)	**paslanmış**	[paslanmıʃ]
ferrugem (f)	**pas**	[pas]

Transportes

105. Avião

avião (m)	uçak	[utʃak]
passagem (f) aérea	uçak bileti	[utʃak bileti]
companhia (f) aérea	hava yolları şirketi	[hava jolları ʃirketi]
aeroporto (m)	havaalanı	[havaalanı]
supersônico (adj)	sesüstü	[sesysty]

comandante (m) do avião	kaptan pilot	[kaptan pilot]
tripulação (f)	ekip	[ekip]
piloto (m)	pilot	[pilot]
aeromoça (f)	hostes	[hostes]
copiloto (m)	seyrüseferci	[sejryseferdʒi]

asas (f pl)	kanatlar	[kanatlar]
cauda (f)	kuyruk	[kujruk]
cabine (f)	kabin	[kabin]
motor (m)	motor	[motor]
trem (m) de pouso	iniş takımı	[iniʃ takımı]
turbina (f)	türbin	[tyrbin]

hélice (f)	pervane	[pervane]
caixa-preta (f)	kara kutu	[kara kutu]
coluna (f) de controle	kumanda kolu	[kumanda kolu]
combustível (m)	yakıt	[jakıt]

instruções (f pl) de segurança	güvenlik kartı	[gyvenlik kartı]
máscara (f) de oxigênio	oksijen maskesi	[oksiʒen maskesi]
uniforme (m)	üniforma	[yniforma]

colete (m) salva-vidas	can yeleği	[dʒan jelei]
paraquedas (m)	paraşüt	[paraʃyt]

decolagem (f)	kalkış	[kalkıʃ]
descolar (vi)	kalkmak	[kalkmak]
pista (f) de decolagem	kalkış pisti	[kalkıʃ pisti]

visibilidade (f)	görüş	[gøryʃ]
voo (m)	uçuş	[utʃuʃ]

altura (f)	yükseklik	[jukseklik]
poço (m) de ar	hava boşluğu	[hava boʃluu]

assento (m)	yer	[jer]
fone (m) de ouvido	kulaklık	[kulaklık]
mesa (f) retrátil	katlanır tepsi	[katlanır tepsi]
janela (f)	pencere	[pendʒere]
corredor (m)	koridor	[koridor]

106. Comboio

trem (m)	tren	[tren]
trem (m) elétrico	elektrikli tren	[elektrikli tren]
trem (m)	hızlı tren	[hızlı tren]
locomotiva (f) diesel	dizel lokomotifi	[dizel lokomotifi]
locomotiva (f) a vapor	buharlı lokomotif	[buharlı lokomotif]
vagão (f) de passageiros	vagon	[vagon]
vagão-restaurante (m)	vagon restoran	[vagon restoran]
carris (m pl)	ray	[raj]
estrada (f) de ferro	demir yolu	[demir jolu]
travessa (f)	travers	[travers]
plataforma (f)	peron	[peron]
linha (f)	yol	[jol]
semáforo (m)	semafor	[semafor]
estação (f)	istasyon	[istasjon]
maquinista (m)	makinist	[makinist]
bagageiro (m)	hamal	[hamal]
hospedeiro, -a (m, f)	kondüktör	[kondyktør]
passageiro (m)	yolcu	[joldʒu]
revisor (m)	kondüktör	[kondyktør]
corredor (m)	koridor	[koridor]
freio (m) de emergência	imdat freni	[imdat freni]
compartimento (m)	kompartıman	[kompartıman]
cama (f)	yatak	[jatak]
cama (f) de cima	üst yatak	[yst jatak]
cama (f) de baixo	alt yatak	[alt jatak]
roupa (f) de cama	yatak takımı	[jatak takımı]
passagem (f)	bilet	[bilet]
horário (m)	tarife	[tarife]
painel (m) de informação	sefer tarifesi	[sefer tarifesi]
partir (vt)	kalkmak	[kalkmak]
partida (f)	kalkış	[kalkıʃ]
chegar (vi)	varmak	[varmak]
chegada (f)	varış	[varıʃ]
chegar de trem	trenle gelmek	[trenle gelmek]
pegar o trem	trene binmek	[trene binmek]
descer de trem	trenden inmek	[trenden inmek]
acidente (m) ferroviário	tren enkazı	[tren enkazı]
descarrilar (vi)	raydan çıkmak	[rajdan tʃıkmak]
locomotiva (f) a vapor	buharlı lokomotif	[buharlı lokomotif]
foguista (m)	ocakçı	[odʒaktʃı]
fornalha (f)	ocak	[odʒak]
carvão (m)	kömür	[kømyr]

107. Barco

| navio (m) | gemi | [gemi] |
| embarcação (f) | tekne | [tekne] |

barco (m) a vapor	vapur	[vapur]
barco (m) fluvial	dizel motorlu gemi	[dizel motorlu gemi]
transatlântico (m)	büyük gemi	[byjuk gemi]
cruzeiro (m)	kruvazör	[kruvazør]

iate (m)	yat	[jat]
rebocador (m)	römorkör	[rømorkør]
barcaça (f)	yük dubası	[juk dubası]
ferry (m)	feribot	[feribot]

| veleiro (m) | yelkenli gemi | [jelkenli gemi] |
| bergantim (m) | gulet | [gulet] |

| quebra-gelo (m) | buzkıran | [buzkıran] |
| submarino (m) | denizaltı | [denizaltı] |

bote, barco (m)	kayık	[kajık]
baleeira (bote salva-vidas)	filika	[filika]
bote (m) salva-vidas	cankurtaran filikası	[dʒankurtaran filikası]
lancha (f)	sürat teknesi	[syrat teknesi]

capitão (m)	kaptan	[kaptan]
marinheiro (m)	tayfa	[tajfa]
marujo (m)	denizci	[denizdʒi]
tripulação (f)	mürettebat	[myrettebat]

contramestre (m)	lostromo	[lostromo]
grumete (m)	miço	[mitʃo]
cozinheiro (m) de bordo	gemi aşçısı	[gemi aʃtʃısı]
médico (m) de bordo	gemi doktoru	[gemi doktoru]

convés (m)	güverte	[gyverte]
mastro (m)	direk	[direk]
vela (f)	yelken	[jelken]

porão (m)	ambar	[ambar]
proa (f)	geminin baş tarafı	[geminin baʃ tarafı]
popa (f)	kıç	[kıtʃ]
remo (m)	kürek	[kyrek]
hélice (f)	pervane	[pervane]

cabine (m)	kamara	[kamara]
sala (f) dos oficiais	subay yemek salonu	[subaj jemek salonu]
sala (f) das máquinas	makine dairesi	[makine dairesi]
ponte (m) de comando	kaptan köprüsü	[kaptan køprysy]
sala (f) de comunicações	telsiz odası	[telsiz odası]
onda (f)	dalga	[dalga]
diário (m) de bordo	gemi jurnali	[gemi ʒurnalı]
luneta (f)	tek dürbün	[tek dyrbyn]
sino (m)	çan	[tʃan]

bandeira (f)	**bayrak**	[bajrak]
cabo (m)	**halat**	[halat]
nó (m)	**düğüm**	[dyjum]

corrimão (m)	**vardavela**	[vardavela]
prancha (f) de embarque	**iskele**	[iskele]

âncora (f)	**çapa, demir**	[ʧapa], [demir]
recolher a âncora	**demir almak**	[demir almak]
jogar a âncora	**demir atmak**	[demir atmak]
amarra (corrente de âncora)	**çapa zinciri**	[ʧapa zindʒiri]

porto (m)	**liman**	[liman]
cais, amarradouro (m)	**iskele, rıhtım**	[iskele], [rıhtım]
atracar (vi)	**yanaşmak**	[janaʃmak]
desatracar (vi)	**iskeleden ayrılmak**	[iskeleden ajrılmak]

viagem (f)	**seyahat**	[sejahat]
cruzeiro (m)	**gemi turu**	[gemi turu]
rumo (m)	**seyir**	[sejir]
itinerário (m)	**rota**	[rota]

canal (m) de navegação	**seyir koridoru**	[sejir koridoru]
banco (m) de areia	**sığlık**	[sıːlık]
encalhar (vt)	**karaya oturmak**	[karaja oturmak]

tempestade (f)	**fırtına**	[fırtına]
sinal (m)	**sinyal**	[sinjal]
afundar-se (vr)	**batmak**	[batmak]
Homem ao mar!	**denize adam düştü**	[denize adam dyʃty]
SOS	**SOS**	[es o es]
boia (f) salva-vidas	**can simidi**	[dʒan simidi]

108. Aeroporto

aeroporto (m)	**havaalanı**	[havaalanı]
avião (m)	**uçak**	[uʧak]
companhia (f) aérea	**hava yolları şirketi**	[hava jolları ʃirketi]
controlador (m) de tráfego aéreo	**hava trafik kontrolörü**	[hava trafik kontroløry]

partida (f)	**kalkış**	[kalkıʃ]
chegada (f)	**varış**	[varıʃ]
chegar (vi)	**varmak**	[varmak]

hora (f) de partida	**kalkış saati**	[kalkıʃ saati]
hora (f) de chegada	**iniş saati**	[iniʃ saati]

estar atrasado	**gecikmek**	[gedʒikmek]
atraso (m) de voo	**gecikme**	[gedʒikme]

painel (m) de informação	**bilgi panosu**	[bilgi panosu]
informação (f)	**danışma**	[danıʃma]
anunciar (vt)	**anons etmek**	[anons etmek]

voo (m)	uçuş, sefer	[utʃuʃ], [sefer]
alfândega (f)	gümrük	[gymryk]
funcionário (m) da alfândega	gümrükçü	[gymryktʃu]

declaração (f) alfandegária	gümrük beyannamesi	[gymryk bejannamesi]
preencher (vt)	doldurmak	[doldurmak]
preencher a declaração	beyanname doldurmak	[bejanname doldurmak]
controle (m) de passaporte	pasaport kontrol	[pasaport kontrol]

bagagem (f)	bagaj	[bagaʒ]
bagagem (f) de mão	el bagajı	[el bagaʒı]
carrinho (m)	bagaj arabası	[bagaʒ arabası]

pouso (m)	iniş	[iniʃ]
pista (f) de pouso	iniş pisti	[iniʃ pisti]
aterrissar (vi)	inmek	[inmek]
escada (f) de avião	uçak merdiveni	[utʃak merdiveni]

check-in (m)	check-in	[tʃek in]
balcão (m) do check-in	kontuar check-in	[kontuar tʃek in]
fazer o check-in	check-in yapmak	[tʃek in japmak]
cartão (m) de embarque	biniş kartı	[biniʃ kartı]
portão (m) de embarque	çıkış kapısı	[tʃıkıʃ kapısı]

trânsito (m)	transit	[transit]
esperar (vi, vt)	beklemek	[beklemek]
sala (f) de espera	bekleme salonu	[bekleme salonu]
despedir-se (acompanhar)	yolcu etmek	[joldʒu etmek]
despedir-se (dizer adeus)	vedalaşmak	[vedalaʃmak]

Eventos

109. Férias. Evento

festa (f)	bayram	[bajram]
feriado (m) nacional	ulusal bayram	[ulusal bajram]
feriado (m)	bayram günü	[bajram gyny]
festejar (vt)	onurlandırmak	[onurlandırmak]
evento (festa, etc.)	olay	[olaj]
evento (banquete, etc.)	olay	[olaj]
banquete (m)	ziyafet	[zijafet]
recepção (f)	kabul töreni	[kabul tøreni]
festim (m)	şölen	[ʃølen]
aniversário (m)	yıldönümü	[jıldønymy]
jubileu (m)	jübile	[ʒybile]
celebrar (vt)	kutlamak	[kutlamak]
Ano (m) Novo	Yıl başı	[jıl baʃı]
Feliz Ano Novo!	Mutlu yıllar!	[mutlu jıllar]
Natal (m)	Noel	[noel]
Feliz Natal!	Mutlu Noeller!	[mutlu noeller]
árvore (f) de Natal	Yılbaşı ağacı	[jılbaʃı aadʒı]
fogos (m pl) de artifício	havai fişek	[havai fiʃek]
casamento (m)	düğün	[dyjun]
noivo (m)	nişanlı	[niʃanlı]
noiva (f)	gelin	[gelin]
convidar (vt)	davet etmek	[davet etmek]
convite (m)	davetiye	[davetije]
convidado (m)	davetli	[davetli]
visitar (vt)	ziyaret etmek	[zijaret etmek]
receber os convidados	misafirleri karşılamak	[misafirleri karʃılamak]
presente (m)	hediye	[hedije]
oferecer, dar (vt)	vermek	[vermek]
receber presentes	hediye almak	[hedije almak]
buquê (m) de flores	demet	[demet]
felicitações (f pl)	tebrikler	[tebrikler]
felicitar (vt)	tebrik etmek	[tebrik etmek]
cartão (m) de parabéns	tebrik kartı	[tebrik kartı]
enviar um cartão postal	tebrik kartı göndermek	[tebrik kartı gøndermek]
receber um cartão postal	tebrik kartı almak	[tebrik kartı almak]
brinde (m)	kadeh kaldırma	[kadeh kaldırma]

oferecer (vt)	**ikram etmek**	[ikram etmek]
champanhe (m)	**şampanya**	[ʃampanja]
divertir-se (vr)	**eğlenmek**	[eelenmek]
diversão (f)	**neşe**	[neʃe]
alegria (f)	**neşe, sevinç**	[neʃe], [sevintʃ]
dança (f)	**dans**	[dans]
dançar (vi)	**dans etmek**	[dans etmek]
valsa (f)	**vals**	[vals]
tango (m)	**tango**	[tango]

110. Funerais. Enterro

cemitério (m)	**mezarlık**	[mezarlık]
sepultura (f), túmulo (m)	**mezar**	[mezar]
cruz (f)	**haç**	[hatʃ]
lápide (f)	**mezar taşı**	[mezar taʃı]
cerca (f)	**çit**	[tʃit]
capela (f)	**ibadet yeri**	[ibadet jeri]
morte (f)	**ölüm**	[ølym]
morrer (vi)	**ölmek**	[ølmek]
defunto (m)	**ölü**	[øly]
luto (m)	**yas**	[jas]
enterrar, sepultar (vt)	**gömmek**	[gømmek]
funerária (f)	**cenaze evi**	[dʒenaze evi]
funeral (m)	**cenaze**	[dʒenaze]
coroa (f) de flores	**çelenk**	[tʃelenk]
caixão (m)	**tabut**	[tabut]
carro (m) funerário	**cenaze arabası**	[dʒenaze arabası]
mortalha (f)	**kefen**	[kefen]
procissão (f) funerária	**cenaze alayı**	[dʒenaze alajı]
urna (f) funerária	**kül kabı**	[kyl kabı]
crematório (m)	**krematoryum**	[krematorjum]
obituário (m), necrologia (f)	**anma yazısı**	[anma jazısı]
chorar (vi)	**ağlamak**	[aalamak]
soluçar (vi)	**hıçkırarak ağlamak**	[hıtʃkırarak aalamak]

111. Guerra. Soldados

pelotão (m)	**takım**	[takım]
companhia (f)	**bölük**	[bølyk]
regimento (m)	**alay**	[alaj]
exército (m)	**ordu**	[ordu]
divisão (f)	**tümen**	[tymen]
esquadrão (m)	**müfreze**	[myfreze]

hoste (f)	ordu	[ordu]
soldado (m)	asker	[asker]
oficial (m)	subay	[subaj]

soldado (m) raso	er	[er]
sargento (m)	çavuş	[ʧavuʃ]
tenente (m)	teğmen	[teemen]
capitão (m)	yüzbaşı	[juzbaʃı]
major (m)	binbaşı	[binbaʃı]
coronel (m)	albay	[albaj]
general (m)	general	[general]

marujo (m)	denizci	[denizdʒi]
capitão (m)	yüzbaşı	[juzbaʃı]
contramestre (m)	lostromo	[lostromo]

artilheiro (m)	topçu askeri	[topʧu askeri]
soldado (m) paraquedista	paraşütçü asker	[paraʃytʃy asker]
piloto (m)	pilot	[pilot]
navegador (m)	seyrüseferci	[sejryseferdʒi]
mecânico (m)	mekanik teknisyen	[mekanik teknisjen]

sapador-mineiro (m)	istihkam eri	[istihkam eri]
paraquedista (m)	paraşütçü	[paraʃytʃy]
explorador (m)	keşif eri	[keʃif eri]
atirador (m) de tocaia	keskin nişancı	[keskin niʃandʒı]

patrulha (f)	devriye	[devrije]
patrulhar (vt)	devriye gezmek	[devrije gezmek]
sentinela (f)	nöbetçi	[nøbetʃi]

guerreiro (m)	savaşçı	[savaʃʧı]
patriota (m)	vatansever	[vatansever]
herói (m)	kahraman	[kahraman]
heroína (f)	kadın kahraman	[kadın kahraman]

traidor (m)	hain	[hain]
trair (vt)	ihanet etmek	[ihanet etmek]
desertor (m)	asker kaçağı	[asker katʃaı]
desertar (vt)	askerlikten kaçmak	[askerliktan katʃmak]

mercenário (m)	paralı asker	[paralı asker]
recruta (m)	acemi er	[adʒemi er]
voluntário (m)	gönüllü	[gønylly]

morto (m)	ölü	[øly]
ferido (m)	yaralı	[jaralı]
prisioneiro (m) de guerra	savaş esiri	[savaʃ esiri]

112. Guerra. Ações militares. Parte 1

guerra (f)	savaş	[savaʃ]
guerrear (vt)	savaşmak	[savaʃmak]
guerra (f) civil	iç savaş	[iʧ savaʃ]

perfidamente	haince	[haindʒe]
declaração (f) de guerra	savaş ilanı	[savaʃ ilanı]
declarar guerra	ilan etmek	[ilan etmek]
agressão (f)	saldırı	[saldırı]
atacar (vt)	saldırmak	[saldırmak]
invadir (vt)	işgal etmek	[iʃgal etmek]
invasor (m)	işgalci	[iʃgaldʒi]
conquistador (m)	fatih	[fatih]
defesa (f)	savunma	[savunma]
defender (vt)	savunmak	[savunmak]
defender-se (vr)	kendini savunmak	[kendini savunmak]
inimigo, adversário (m)	düşman	[dyʃman]
inimigo (adj)	düşman	[dyʃman]
estratégia (f)	strateji	[strateʒi]
tática (f)	taktik	[taktik]
ordem (f)	emir	[emir]
comando (m)	komut	[komut]
ordenar (vt)	emretmek	[emretmek]
missão (f)	görev	[gørev]
secreto (adj)	gizli	[gizli]
batalha (f)	muharebe	[muharebe]
combate (m)	savaş	[savaʃ]
ataque (m)	saldırı	[saldırı]
assalto (m)	hücum	[hydʒum]
assaltar (vt)	hücum etmek	[hydʒum etmek]
assédio, sítio (m)	kuşatma	[kuʃatma]
ofensiva (f)	taarruz	[taarruz]
tomar à ofensiva	taarruz etmek	[taarruz etmek]
retirada (f)	çekilme	[tʃekilme]
retirar-se (vr)	çekilmek	[tʃekilmek]
cerco (m)	çembere alma	[tʃembere alma]
cercar (vt)	çember içine almak	[tʃember itʃine almak]
bombardeio (m)	bombardıman	[bombardıman]
lançar uma bomba	bomba atmak	[bomba atmak]
bombardear (vt)	bombalamak	[bombalamak]
explosão (f)	patlama	[patlama]
tiro (m)	atış	[atıʃ]
dar um tiro	atış yapmak	[atıʃ japmak]
tiroteio (m)	ateşleme	[ateʃleme]
apontar para ...	... nişan almak	[niʃan almak]
apontar (vt)	doğrultmak	[doorultmak]
acertar (vt)	isabet etmek	[isabet etmek]
afundar (~ um navio, etc.)	batırmak	[batırmak]

brecha (f)	delik	[delik]
afundar-se (vr)	batmak	[batmak]

frente (m)	cephe	[dʒephe]
evacuação (f)	tahliye	[tahlije]
evacuar (vt)	tahliye etmek	[tahlije etmek]

trincheira (f)	siper	[siper]
arame (m) enfarpado	dikenli tel	[dikenli tel]
barreira (f) anti-tanque	bariyer	[barijer]
torre (f) de vigia	kule	[kule]

hospital (m) militar	askeri hastane	[askeri hastane]
ferir (vt)	yaralamak	[jaralamak]
ferida (f)	yara	[jara]
ferido (m)	yaralı	[jaralı]
ficar ferido	yara almak	[jara almak]
grave (ferida ~)	ciddi	[dʒiddi]

113. Guerra. Ações militares. Parte 2

cativeiro (m)	esaret	[esaret]
capturar (vt)	esir almak	[esir almak]
estar em cativeiro	esir olmak	[esir olmak]
ser aprisionado	esir düşmek	[esir dyʃmek]

campo (m) de concentração	toplanma kampı	[toplanma kampı]
prisioneiro (m) de guerra	savaş esiri	[savaʃ esiri]
escapar (vi)	kaçmak	[katʃmak]

trair (vt)	ihanet etmek	[ihanet etmek]
traidor (m)	ihanet eden	[ihanet eden]
traição (f)	ihanet	[ihanet]

fuzilar, executar (vt)	kurşuna dizmek	[kurʃuna dizmek]
fuzilamento (m)	idam	[idam]

equipamento (m)	askeri elbise	[askeri elbise]
insígnia (f) de ombro	apolet	[apolet]
máscara (f) de gás	gaz maskesi	[gaz maskesi]

rádio (m)	telsiz	[telsiz]
cifra (f), código (m)	şifre	[ʃifre]
conspiração (f)	gizlilik	[gizlilik]
senha (f)	parola	[parola]

mina (f)	mayın	[majın]
minar (vt)	mayınlamak	[majınlamak]
campo (m) minado	mayın tarlası	[majın tarlası]

alarme (m) aéreo	hava tehlike işareti	[hava tehlike iʃareti]
alarme (m)	alarm	[alarm]
sinal (m)	işaret	[iʃaret]
sinalizador (m)	işaret fişeği	[iʃaret fiʃei]

quartel-general (m)	**karargah**	[karargah]
reconhecimento (m)	**keşif**	[keʃif]
situação (f)	**durum**	[durum]
relatório (m)	**rapor**	[rapor]
emboscada (f)	**pusu**	[pusu]
reforço (m)	**takviye**	[takvije]
alvo (m)	**hedef**	[hedef]
campo (m) de tiro	**poligon**	[poligon]
manobras (f pl)	**manevralar**	[manevralar]
pânico (m)	**panik**	[panik]
devastação (f)	**yıkım**	[jıkım]
ruínas (f pl)	**harabe**	[harabe]
destruir (vt)	**yıkmak**	[jıkmak]
sobreviver (vi)	**hayatta kalmak**	[hajatta kalmak]
desarmar (vt)	**silahsızlandırmak**	[silah sızlandırmak]
manusear (vt)	**kullanmak**	[kullanmak]
Sentido!	**Hazır ol!**	[hazır ol]
Descansar!	**Rahat!**	[rahat]
façanha (f)	**kahramanlık**	[kahramanlık]
juramento (m)	**yemin**	[jemin]
jurar (vi)	**yemin etmek**	[jemin etmek]
condecoração (f)	**ödül**	[ødyl]
condecorar (vt)	**ödül vermek**	[ødyl vermek]
medalha (f)	**madalya**	[madalja]
ordem (f)	**nişan**	[niʃan]
vitória (f)	**zafer**	[zafer]
derrota (f)	**yenilgi**	[jenilgi]
armistício (m)	**ateşkes**	[ateʃkes]
bandeira (f)	**bayrak**	[bajrak]
glória (f)	**şan**	[ʃan]
parada (f)	**geçit töreni**	[getʃit tøreni]
marchar (vi)	**yürümek**	[jurymek]

114. Armas

arma (f)	**silahlar**	[silahlar]
arma (f) de fogo	**ateşli silah**	[ateʃli silah]
arma (f) branca	**çelik kılıç**	[tʃelik kılıtʃ]
arma (f) química	**kimyasal silah**	[kimjasal silah]
nuclear (adj)	**nükleer**	[nykleer]
arma (f) nuclear	**nükleer silah**	[nykleer silah]
bomba (f)	**bomba**	[bomba]
bomba (f) atômica	**atom bombası**	[atom bombası]
pistola (f)	**tabanca**	[tabandʒa]

rifle (m)	tüfek	[tyfek]
semi-automática (f)	hafif makineli tüfek	[hafif makineli tyfek]
metralhadora (f)	makineli tüfek	[makineli tyfek]

boca (f)	namlu ağzı	[namlu aazı]
cano (m)	namlu	[namlu]
calibre (m)	çap	[ʧap]

gatilho (m)	tetik	[tetik]
mira (f)	nişangah	[niʃangah]
carregador (m)	şarjör	[ʃarʒør]
coronha (f)	dipçik	[dipʧik]

| granada (f) de mão | el bombası | [el bombası] |
| explosivo (m) | patlayıcı | [patlajıdʒı] |

bala (f)	kurşun	[kurʃun]
cartucho (m)	fişek	[fiʃek]
carga (f)	şarj	[ʃarʒ]
munições (f pl)	cephane	[dʒephane]

bombardeiro (m)	bombardıman uçağı	[bombardıman uʧaı]
avião (m) de caça	avcı uçağı	[avdʒı uʧaı]
helicóptero (m)	helikopter	[helikopter]

canhão (m) antiaéreo	uçaksavar	[uʧaksavar]
tanque (m)	tank	[tank]
canhão (de um tanque)	tank topu	[tank topu]

artilharia (f)	topçu	[topʧu]
canhão (m)	top	[top]
fazer a pontaria	doğrultmak	[doorultmak]

| projétil (m) | mermi | [mermi] |
| granada (f) de morteiro | havan mermisi | [havan mermisı] |

| morteiro (m) | havan topu | [havan topu] |
| estilhaço (m) | kıymık | [kıjmık] |

submarino (m)	denizaltı	[denizaltı]
torpedo (m)	torpil	[torpil]
míssil (m)	füze	[fyze]

| carregar (uma arma) | doldurmak | [doldurmak] |
| disparar, atirar (vi) | ateş etmek | [ateʃ etmek] |

| apontar para ... | ... nişan almak | [niʃan almak] |
| baioneta (f) | süngü | [syngy] |

espada (f)	epe	[epe]
sabre (m)	kılıç	[kılıʧ]
lança (f)	mızrak	[mızrak]
arco (m)	yay	[jaj]
flecha (f)	ok	[ok]
mosquete (m)	misket tüfeği	[misket tyfei]
besta (f)	tatar yayı	[tatar jajı]

115. Povos da antiguidade

primitivo (adj)	ilkel	[ilkel]
pré-histórico (adj)	tarih öncesi	[tarih øndʒesi]
antigo (adj)	antik, eski	[antik], [eski]

Idade (f) da Pedra	Taş Çağı	[taʃ tʃaı]
Idade (f) do Bronze	Bronz Çağı	[bronz tʃaı]
Era (f) do Gelo	Buzul Çağı	[buzul tʃaı]

tribo (f)	kabile	[kabile]
canibal (m)	yamyam	[jam jam]
caçador (m)	avcı	[avdʒı]
caçar (vi)	avlamak	[avlamak]
mamute (m)	mamut	[mamut]

caverna (f)	mağara	[maara]
fogo (m)	ateş	[ateʃ]
fogueira (f)	kamp ateşi	[kamp ateʃi]
pintura (f) rupestre	kaya resmi	[kaja resmi]

ferramenta (f)	aletler	[aletler]
lança (f)	mızrak	[mızrak]
machado (m) de pedra	taş balta	[taʃ balta]
guerrear (vt)	savaşmak	[savaʃmak]
domesticar (vt)	evcilleştirmek	[evdʒilleʃtirmek]

ídolo (m)	put	[put]
adorar, venerar (vt)	tapmak	[tapmak]
superstição (f)	batıl inanç	[batıl inantʃ]
ritual (m)	[töre]	[tøre]

evolução (f)	evrim	[evrim]
desenvolvimento (m)	gelişme	[geliʃme]
extinção (f)	kaybolma, yok olma	[kajbolma], [jok olma]
adaptar-se (vr)	adapte olmak	[adapte olmak]

arqueologia (f)	arkeoloji	[arkeoloʒi]
arqueólogo (m)	arkeolog	[arkeolog]
arqueológico (adj)	arkeolojik	[arkeoloʒik]

escavação (sítio)	kazı yeri	[kazı jeri]
escavações (f pl)	kazı	[kazı]
achado (m)	buluntu	[buluntu]
fragmento (m)	parça	[partʃa]

116. Idade média

povo (m)	millet, halk	[millet], [halk]
povos (m pl)	milletler	[milletler]
tribo (f)	kabile	[kabile]
tribos (f pl)	kabileler	[kabileler]
bárbaros (pl)	barbarlar	[barbarlar]

galeses (pl)	Galyalılar	[galjalılar]
godos (pl)	Gotlar	[gotlar]
eslavos (pl)	Slavlar	[slavlar]
viquingues (pl)	Vikingler	[vikingler]

| romanos (pl) | Romalılar | [romalılar] |
| romano (adj) | Romen | [romen] |

bizantinos (pl)	Bizanslılar	[bizanslılar]
Bizâncio	Bizans	[bizans]
bizantino (adj)	Bizanslı	[bizanslı]

imperador (m)	imparator	[imparator]
líder (m)	lider	[lider]
poderoso (adj)	kudretli	[kudretli]
rei (m)	kral	[kral]
governante (m)	ülkenin yöneticisi	[ylkenin jønetidʒisi]

cavaleiro (m)	şövalye	[ʃøvalje]
senhor feudal (m)	derebeyi	[derebeji]
feudal (adj)	feodal	[feodal]
vassalo (m)	vasal	[vasal]

duque (m)	dük	[dyk]
conde (m)	kont	[kont]
barão (m)	baron	[baron]
bispo (m)	piskopos	[piskopos]

armadura (f)	zırh	[zırh]
escudo (m)	kalkan	[kalkan]
espada (f)	kılıç	[kılıtʃ]
viseira (f)	vizör	[vizør]
cota (f) de malha	zincir zırh	[zindʒir zırh]

| cruzada (f) | haçlı seferi | [hatʃlı seferi] |
| cruzado (m) | haçlı | [hatʃlı] |

território (m)	toprak	[toprak]
atacar (vt)	saldırmak	[saldırmak]
conquistar (vt)	fethetmek	[fethetmek]
ocupar, invadir (vt)	işgal etmek	[iʃgal etmek]

assédio, sítio (m)	kuşatma	[kuʃatma]
sitiado (adj)	kuşatılmış	[kuʃatılmıʃ]
assediar, sitiar (vt)	kuşatmak	[kuʃatmak]

| inquisição (f) | engizisyon | [engizisjon] |
| inquisidor (m) | engizisyon mahkemesi üyesi | [engizisjon mahkemesi jujesi] |

tortura (f)	işkence	[iʃkendʒe]
cruel (adj)	amansız	[amansız]
herege (m)	kafir	[kafir]
heresia (f)	sapkınlık	[sapkınlık]

| navegação (f) marítima | denizcilik | [denizdʒilik] |
| pirata (m) | korsan | [korsan] |

pirataria (f)	korsanlık	[korsanlık]
abordagem (f)	mürettebatın yerini alması	[myrettebatın jerini alması]
presa (f), butim (m)	ganimet	[ganimet]
tesouros (m pl)	hazine	[hazine]

descobrimento (m)	keşif	[keʃif]
descobrir (novas terras)	keşfetmek	[keʃfetmek]
expedição (f)	bilimsel gezisi	[bilimzel gezisi]

mosqueteiro (m)	silahşor	[silahʃor]
cardeal (m)	kardinal	[kardinal]
heráldica (f)	armacılık	[armadʒılık]
heráldico (adj)	hanedan armasına ait	[hanedan armasına ait]

117. Líder. Chefe. Autoridades

rei (m)	kral	[kral]
rainha (f)	kraliçe	[kralitʃe]
real (adj)	kraliyet	[kralijet]
reino (m)	krallık	[krallık]

príncipe (m)	prens	[prens]
princesa (f)	prenses	[prenses]

presidente (m)	başkan	[baʃkan]
vice-presidente (m)	ikinci başkan	[ikindʒi baʃkan]
senador (m)	senatör	[senatør]

monarca (m)	hükümdar	[hykymdar]
governante (m)	ülkenin yöneticisi	[ylkenin jønetidʒisi]
ditador (m)	diktatör	[diktatør]
tirano (m)	tiran	[tiran]
magnata (m)	magnat	[magnat]

diretor (m)	müdür	[mydyr]
chefe (m)	şef	[ʃef]
gerente (m)	yönetici	[jønetidʒi]
patrão (m)	patron	[patron]
dono (m)	sahip	[sahip]

líder (m)	lider	[lider]
chefe (m)	başkan	[baʃkan]
autoridades (f pl)	yetkililer	[jetkililer]
superiores (m pl)	şefler	[ʃefler]

governador (m)	vali	[vali]
cônsul (m)	konsolos	[konsolos]
diplomata (m)	diplomat	[diplomat]
Presidente (m) da Câmara	belediye başkanı	[beledije baʃkanı]
xerife (m)	şerif	[ʃerif]

imperador (m)	imparator	[imparator]
czar (m)	çar	[tʃar]

| faraó (m) | firavun | [firavun] |
| cã, khan (m) | han | [han] |

118. Violação da lei. Criminosos. Parte 1

bandido (m)	haydut	[hajdut]
crime (m)	suç	[sutʃ]
criminoso (m)	suçlu	[sutʃlu]

ladrão (m)	hırsız	[hɪrsɪz]
roubar (vt)	hırsızlık yapmak	[hɪrsɪzlık japmak]
roubo (atividade)	hırsızlık	[hɪrsɪzlık]
furto (m)	çalma, soyma	[tʃalma], [sojma]

raptar, sequestrar (vt)	kaçırmak	[katʃırmak]
sequestro (m)	adam kaçırma	[adam katʃırma]
sequestrador (m)	adam kaçıran	[adam katʃıran]

| resgate (m) | fidye | [fidje] |
| pedir resgate | fidye istemek | [fidje istemek] |

roubar (vt)	soymak	[sojmak]
assalto, roubo (m)	silahlı soygun	[silahlı sojgun]
assaltante (m)	soyguncu	[sojgundʒu]

extorquir (vt)	şantaj yapmak	[ʃantaʒ japmak]
extorsionário (m)	şantajcı	[ʃantaʒdʒı]
extorsão (f)	şantaj	[ʃantaʒ]

matar, assassinar (vt)	öldürmek	[øldyrmek]
homicídio (m)	öldürme	[øldyrme]
homicida, assassino (m)	katil	[katil]

tiro (m)	atış	[atıʃ]
dar um tiro	atış yapmak	[atıʃ japmak]
matar a tiro	vurmak	[vurmak]
disparar, atirar (vi)	ateş etmek	[ateʃ etmek]
tiroteio (m)	ateş etme	[ateʃ etme]

incidente (m)	olay	[olaj]
briga (~ de rua)	kavga	[kavga]
Socorro!	İmdat!	[imdat]
vítima (f)	kurban	[kurban]

danificar (vt)	zarar vermek	[zarar vermek]
dano (m)	zarar	[zarar]
cadáver (m)	ceset	[dʒeset]
grave (adj)	ağır	[aır]

atacar (vt)	saldırmak	[saldırmak]
bater (espancar)	vurmak	[vurmak]
espancar (vt)	dövmek	[døvmek]
tirar, roubar (dinheiro)	zorla almak	[zorla almak]
esfaquear (vt)	bıçakla öldürmek	[bıtʃakla øldyrmek]

mutilar (vt)	sakatlamak	[sakatlamak]
ferir (vt)	yaralamak	[jaralamak]

chantagem (f)	şantaj	[ʃantaʒ]
chantagear (vt)	şantaj yapmak	[ʃantaʒ japmak]
chantagista (m)	şantajcı	[ʃantaʒdʒɪ]

extorsão (f)	haraç	[haratʃ]
extorsionário (m)	haraççı	[haratʃɪ]
gângster (m)	gangster	[gangster]
máfia (f)	mafya	[mafja]

punguista (m)	yankesici	[jankesidʒi]
assaltante, ladrão (m)	hırsız	[hɪrsɪz]
contrabando (m)	kaçakçılık	[katʃaktʃɪlɪk]
contrabandista (m)	kaçakçı	[katʃaktʃɪ]

falsificação (f)	taklit	[taklit]
falsificar (vt)	taklit etmek	[taklit etmek]
falsificado (adj)	sahte	[sahte]

119. Violação da lei. Criminosos. Parte 2

estupro (m)	ırza geçme	[ɪrza getʃme]
estuprar (vt)	ırzına geçmek	[ɪrzɪna getʃmek]
estuprador (m)	zorba	[zorba]
maníaco (m)	manyak	[manjak]

prostituta (f)	hayat kadını	[hajat kadɪnɪ]
prostituição (f)	hayat kadınlığı	[hajat kadɪnlɪːɪ]
cafetão (m)	kadın tüccarı	[kadɪn tydʒarɪ]

drogado (m)	uyuşturucu bağımlısı	[ujuʃturudʒu baɪmlɪsɪ]
traficante (m)	uyuşturucu taciri	[ujuʃturudʒu tadʒiri]

explodir (vt)	patlatmak	[patlamak]
explosão (f)	patlama	[patlama]
incendiar (vt)	yangın çıkarmak	[jangɪn tʃɪkarmak]
incendiário (m)	kundakçı	[kundaktʃɪ]

terrorismo (m)	terörizm	[terørizm]
terrorista (m)	terörist	[terørist]
refém (m)	tutak, rehine	[tutak], [rehine]

enganar (vt)	dolandırmak	[dolandɪrmak]
engano (m)	dolandırma	[dolandɪrma]
vigarista (m)	dolandırıcı	[dolandɪrɪdʒɪ]

subornar (vt)	rüşvet vermek	[ryʃvet vermek]
suborno (atividade)	rüşvet verme	[ryʃvet verme]
suborno (dinheiro)	rüşvet	[ryʃvet]

veneno (m)	zehir	[zehir]
envenenar (vt)	zehirlemek	[zehirlemek]

envenenar-se (vr)	birisini zehirlemek	[birisini zehirlemek]
suicídio (m)	intihar	[intihar]
suicida (m)	intihar eden kimse	[intihar eden kimse]
ameaçar (vt)	tehdit etmek	[tehdit etmek]
ameaça (f)	tehdit	[tehdit]
atentar contra a vida de ...	öldürmeye çalışmak	[øldyrmeje tʃalıʃmak]
atentado (m)	suikast	[suitkast]
roubar (um carro)	çalmak	[tʃalmak]
sequestrar (um avião)	kaçırmak	[katʃırmak]
vingança (f)	intikam	[intikam]
vingar (vt)	intikam almak	[intikam almak]
torturar (vt)	işkence etmek	[iʃkendʒe etmek]
tortura (f)	işkence	[iʃkendʒe]
atormentar (vt)	acı çektirmek	[adʒı tʃektirmek]
pirata (m)	korsan	[korsan]
desordeiro (m)	holigan	[holigan]
armado (adj)	silahlı	[silahlı]
violência (f)	şiddet olayları	[ʃiddet olajarı]
ilegal (adj)	yasadışı	[jasadıʃı]
espionagem (f)	casusluk	[dʒasusluk]
espionar (vi)	casusluk yapmak	[dʒasusluk japmak]

120. Polícia. Lei. Parte 1

justiça (sistema de ~)	adalet	[adalet]
tribunal (m)	mahkeme	[mahkeme]
juiz (m)	yargıç	[jargıtʃ]
jurados (m pl)	jüri üyesi	[ʒyri jujesi]
tribunal (m) do júri	jürili yargılama	[ʒyrili jargılama]
julgar (vt)	yargılamak	[jargılamak]
advogado (m)	avukat	[avukat]
réu (m)	sanık	[sanık]
banco (m) dos réus	sanık sandalyesi	[sanık sandaljesi]
acusação (f)	suçlama	[sutʃlama]
acusado (m)	sanık	[sanık]
sentença (f)	ceza, hüküm	[dʒeza], [hykym]
sentenciar (vt)	mahkum etmek	[mahkym etmek]
culpado (m)	suçlu	[sutʃlu]
punir (vt)	cezalandırmak	[dʒezalandırmak]
punição (f)	ceza	[dʒeza]
multa (f)	ceza	[dʒeza]
prisão (f) perpétua	ömür boyu hapis	[ømyr boju hapis]

pena (f) de morte	ölüm cezası	[ølym ʤezası]
cadeira (f) elétrica	elektrikli sandalye	[elektrikli sandalje]
forca (f)	darağacı	[daraadʒı]

executar (vt)	idam etmek	[idam etmek]
execução (f)	idam	[idam]

prisão (f)	hapishane	[hapishane]
cela (f) de prisão	hücre, koğuş	[hyʤre], [kouʃ]

escolta (f)	muhafız takımı	[muhafız takımı]
guarda (m) prisional	gardiyan	[gardijan]
preso, prisioneiro (m)	tutuklu	[tutuklu]

algemas (f pl)	kelepçe	[keleptʃe]
algemar (vt)	kelepçelemek	[keleptʃelemek]

fuga, evasão (f)	kaçma	[katʃma]
fugir (vi)	kaçmak	[katʃmak]
desaparecer (vi)	kaybolmak	[kajbolmak]
soltar, libertar (vt)	tahliye etmek	[tahlije etmek]
anistia (f)	af	[af]

polícia (instituição)	polis	[polis]
polícia (m)	erkek polis	[erkek polis]
delegacia (f) de polícia	polis karakolu	[polis karakolu]
cassetete (m)	cop	[ʤop]
megafone (m)	megafon	[megafon]

carro (m) de patrulha	devriye arabası	[devrije arabası]
sirene (f)	siren	[siren]
ligar a sirene	sireni açmak	[sireni atʃmak]
toque (m) da sirene	siren sesi	[siren sesi]

cena (f) do crime	olay yeri	[olaj jeri]
testemunha (f)	şahit	[ʃahit]
liberdade (f)	hürriyet	[hyrrijet]
cúmplice (m)	suç ortağı	[sutʃ ortaı]
escapar (vi)	kaçmak	[katʃmak]
traço (não deixar ~s)	iz	[iz]

121. Polícia. Lei. Parte 2

procura (f)	arama	[arama]
procurar (vt)	aramak	[aramak]
suspeita (f)	şüphe	[ʃyphe]
suspeito (adj)	şüpheli	[ʃypheli]
parar (veículo, etc.)	durdurmak	[durdurmak]
deter (fazer parar)	tutuklamak	[tutuklamak]

caso (~ criminal)	dava	[dava]
investigação (f)	soruşturma	[soruʃturma]
detetive (m)	dedektif	[dedektif]
investigador (m)	sorgu yargıcı	[sorgu jargıʤı]

versão (f)	versiyon	[versjon]
motivo (m)	gerekçe	[gerektʃe]
interrogatório (m)	sorgu	[sorgu]
interrogar (vt)	sorgulamak	[sorgulamak]
questionar (vt)	soruşturmak	[soruʃturmak]
verificação (f)	yoklama	[joklama]

batida (f) policial	tarama	[tarama]
busca (f)	arama	[arama]
perseguição (f)	kovalama	[kovalama]
perseguir (vt)	takip etmek	[takip etmek]
seguir, rastrear (vt)	izlemek	[izlemek]

prisão (f)	tutuklama	[tutuklama]
prender (vt)	tutuklamak	[tutuklamak]
pegar, capturar (vt)	yakalamak	[jakalamak]
captura (f)	yakalama	[jakalama]

documento (m)	belge	[belge]
prova (f)	kanıt, ispat	[kanıt], [ispat]
provar (vt)	ispat etmek	[ispat etmek]
pegada (f)	ayak izi	[ajak izı]
impressões (f pl) digitais	parmak izleri	[parmak izleri]
prova (f)	delil	[delil]

álibi (m)	mazeret	[mazeret]
inocente (adj)	suçsuz	[sutʃsuz]
injustiça (f)	haksızlık	[haksızlık]
injusto (adj)	haksız	[haksız]

criminal (adj)	cinayet	[dʒinajet]
confiscar (vt)	el koymak	[el kojmak]
droga (f)	uyuşturucu	[ujuʃturudʒu]
arma (f)	silah	[silah]
desarmar (vt)	silahsızlandırmak	[silah sızlandırmak]
ordenar (vt)	emretmek	[emretmek]
desaparecer (vi)	kaybolmak	[kajbolmak]

lei (f)	kanun	[kanun]
legal (adj)	kanuni	[kanuni]
ilegal (adj)	kanuna aykırı	[kanuna ajkırı]

| responsabilidade (f) | sorumluluk | [sorumluluk] |
| responsável (adj) | sorumlu | [sorumlu] |

NATUREZA

A Terra. Parte 1

122. Espaço sideral

espaço, cosmo (m)	uzay, evren	[uzaj], [evren]
espacial, cósmico (adj)	uzay	[uzaj]
espaço (m) cósmico	feza	[feza]
mundo (m)	kainat	[kajnat]
universo (m)	evren	[evren]
galáxia (f)	galaksi	[galaksi]
estrela (f)	yıldız	[jıldız]
constelação (f)	takımyıldız	[takımjıldız]
planeta (m)	gezegen	[gezegen]
satélite (m)	uydu	[ujdu]
meteorito (m)	göktaşı	[gøktaʃı]
cometa (m)	kuyruklu yıldız	[kujruklu jıldız]
asteroide (m)	asteroit	[asteroit]
órbita (f)	yörünge	[jørynge]
girar (vi)	dönmek	[dønmek]
atmosfera (f)	atmosfer	[atmosfer]
Sol (m)	Güneş	[gyneʃ]
Sistema (m) Solar	Güneş sistemi	[gyneʃ sistemi]
eclipse (m) solar	Güneş tutulması	[gyneʃ tutulması]
Terra (f)	Dünya	[dynja]
Lua (f)	Ay	[aj]
Marte (m)	Mars	[mars]
Vênus (f)	Venüs	[venys]
Júpiter (m)	Jüpiter	[ʒupiter]
Saturno (m)	Satürn	[satyrn]
Mercúrio (m)	Merkür	[merkyr]
Urano (m)	Uranüs	[uranys]
Netuno (m)	Neptün	[neptyn]
Plutão (m)	Plüton	[plyton]
Via Láctea (f)	Samanyolu	[samanjolu]
Ursa Maior (f)	Büyükayı	[byjuk ajı]
Estrela Polar (f)	Kutup yıldızı	[kutup jıldızı]
marciano (m)	Merihli	[merihli]
extraterrestre (m)	uzaylı	[uzajlı]

alienígena (m)	uzaylı	[uzajlı]
disco (m) voador	uçan daire	[utʃan daire]
espaçonave (f)	uzay gemisi	[uzaj gemisi]
estação (f) orbital	yörünge istasyonu	[jørynge istasjonu]
lançamento (m)	uzaya fırlatma	[uzaja fırlatma]
motor (m)	motor	[motor]
bocal (m)	roket meme	[roket meme]
combustível (m)	yakıt	[jakıt]
cabine (f)	kabin	[kabin]
antena (f)	anten	[anten]
vigia (f)	lombar	[lombar]
bateria (f) solar	güneş pili	[gyneʃ pili]
traje (m) espacial	uzay elbisesi	[uzaj elbisesi]
imponderabilidade (f)	ağırlıksızlık	[aırlıksızlık]
oxigênio (m)	oksijen	[oksiʒen]
acoplagem (f)	uzayda kenetlenme	[uzajda kenetlenme]
fazer uma acoplagem	kenetlenmek	[kenetlenmek]
observatório (m)	gözlemevi	[gøzlemevi]
telescópio (m)	teleskop	[teleskop]
observar (vt)	gözlemlemek	[gøzlemlemek]
explorar (vt)	araştırmak	[araʃtırmak]

123. A Terra

Terra (f)	Dünya	[dynja]
globo terrestre (Terra)	yerküre	[jerkyre]
planeta (m)	gezegen	[gezegen]
atmosfera (f)	atmosfer	[atmosfer]
geografia (f)	coğrafya	[dʒoorafja]
natureza (f)	doğa	[doa]
globo (mapa esférico)	yerküre	[jerkyre]
mapa (m)	harita	[harita]
atlas (m)	atlas	[atlas]
Europa (f)	Avrupa	[avrupa]
Ásia (f)	Asya	[asja]
África (f)	Afrika	[afrika]
Austrália (f)	Avustralya	[avustralja]
América (f)	Amerika	[amerika]
América (f) do Norte	Kuzey Amerika	[kuzej amerika]
América (f) do Sul	Güney Amerika	[gynej amerika]
Antártida (f)	Antarktik	[antarktik]
Ártico (m)	Arktik	[arktik]

124. Pontos cardeais

norte (m)	kuzey	[kuzej]
para norte	kuzeye	[kuzeje]
no norte	kuzeyde	[kuzejde]
do norte (adj)	kuzey	[kuzej]
sul (m)	güney	[gynej]
para sul	güneye	[gyneje]
no sul	güneyde	[gynejde]
do sul (adj)	güney	[gynej]
oeste, ocidente (m)	batı	[batı]
para oeste	batıya	[batıja]
no oeste	batıda	[batıda]
ocidental (adj)	batı	[batı]
leste, oriente (m)	doğu	[dou]
para leste	doğuya	[douja]
no leste	doğuda	[douda]
oriental (adj)	doğu	[dou]

125. Mar. Oceano

mar (m)	deniz	[deniz]
oceano (m)	okyanus	[okjanus]
golfo (m)	körfez	[kørfez]
estreito (m)	boğaz	[boaz]
continente (m)	kıta	[kıta]
ilha (f)	ada	[ada]
península (f)	yarımada	[jarımada]
arquipélago (m)	takımada	[takımada]
baía (f)	koy	[koj]
porto (m)	liman	[liman]
lagoa (f)	deniz kulağı	[deniz kulaı]
cabo (m)	burun	[burun]
atol (m)	atol	[atol]
recife (m)	resif	[resif]
coral (m)	mercan	[merdʒan]
recife (m) de coral	mercan kayalığı	[merdʒan kajalı:ı]
profundo (adj)	derin	[derin]
profundidade (f)	derinlik	[derinlik]
abismo (m)	uçurum	[utʃurum]
fossa (f) oceânica	çukur	[tʃukur]
corrente (f)	akıntı	[akıntı]
banhar (vt)	çevrelemek	[tʃevrelemek]
litoral (m)	kıyı	[kıjı]
costa (f)	kıyı, sahil	[kıjı], [sahil]

maré (f) alta	kabarma	[kabarma]
refluxo (m)	cezir	[dʒezir]
restinga (f)	sığlık	[sı:ılık]
fundo (m)	dip	[dip]

onda (f)	dalga	[dalga]
crista (f) da onda	dağ sırtı	[daa sırtı]
espuma (f)	köpük	[køpyk]

tempestade (f)	fırtına	[fırtına]
furacão (m)	kasırga	[kasırga]
tsunami (m)	tsunami	[tsunami]
calmaria (f)	limanlık	[limanlık]
calmo (adj)	sakin	[sakin]

| polo (m) | kutup | [kutup] |
| polar (adj) | kutuplu | [kutuplu] |

latitude (f)	enlem	[enlem]
longitude (f)	boylam	[bojlam]
paralela (f)	paralel	[paralel]
equador (m)	ekvator	[ekvator]

céu (m)	gök	[gøk]
horizonte (m)	ufuk	[ufuk]
ar (m)	hava	[hava]

farol (m)	deniz feneri	[deniz feneri]
mergulhar (vi)	dalmak	[dalmak]
afundar-se (vr)	batmak	[batmak]
tesouros (m pl)	hazine	[hazine]

126. Nomes de Mares e Oceanos

Oceano (m) Atlântico	Atlas Okyanusu	[atlas okjanusu]
Oceano (m) Índico	Hint Okyanusu	[hint okjanusu]
Oceano (m) Pacífico	Pasifik Okyanusu	[pasifik okjanusu]
Oceano (m) Ártico	Kuzey Buz Denizi	[kuzej buz denizi]

Mar (m) Negro	Karadeniz	[karadeniz]
Mar (m) Vermelho	Kızıldeniz	[kızıldeniz]
Mar (m) Amarelo	Sarı Deniz	[sarı deniz]
Mar (m) Branco	Beyaz Deniz	[bejaz deniz]

Mar (m) Cáspio	Hazar Denizi	[hazar denizi]
Mar (m) Morto	Ölüdeniz	[ølydeniz]
Mar (m) Mediterrâneo	Akdeniz	[akdeniz]

| Mar (m) Egeu | Ege Denizi | [ege denizi] |
| Mar (m) Adriático | Adriyatik Denizi | [adrijatik denizi] |

Mar (m) Arábico	Umman Denizi	[umman denizi]
Mar (m) do Japão	Japon Denizi	[ʒapon denizi]
Mar (m) de Bering	Bering Denizi	[bering denizi]

Mar (m) da China Meridional	Güney Çin Denizi	[gynej tʃin denizi]
Mar (m) de Coral	Mercan Denizi	[merdʒan denizi]
Mar (m) de Tasman	Tasman Denizi	[tasman denizi]
Mar (m) do Caribe	Karayip Denizi	[karajip denizi]

| Mar (m) de Barents | Barents Denizi | [barents denizi] |
| Mar (m) de Kara | Kara Denizi | [kara denizi] |

Mar (m) do Norte	Kuzey Denizi	[kuzej denizi]
Mar (m) Báltico	Baltık Denizi	[baltık denizi]
Mar (m) da Noruega	Norveç Denizi	[norvetʃ denizi]

127. Montanhas

montanha (f)	dağ	[daa]
cordilheira (f)	dağ silsilesi	[daa silsilesi]
serra (f)	sıradağlar	[sıradaalar]

cume (m)	zirve	[zirve]
pico (m)	doruk, zirve	[doruk], [zirve]
pé (m)	etek	[etek]
declive (m)	yamaç	[jamatʃ]

vulcão (m)	yanardağ	[janardaa]
vulcão (m) ativo	faal yanardağ	[faal janardaa]
vulcão (m) extinto	sönmüş yanardağ	[sønmyʃ janardaa]

erupção (f)	püskürme	[pyskyrme]
cratera (f)	yanardağ ağzı	[janardaa aazı]
magma (m)	magma	[magma]
lava (f)	lav	[lav]
fundido (lava ~a)	kızgın	[kızgın]

cânion, desfiladeiro (m)	kanyon	[kanjon]
garganta (f)	boğaz	[boaz]
fenda (f)	dere	[dere]
precipício (m)	uçurum	[utʃurum]

passo, colo (m)	dağ geçidi	[daa getʃidi]
planalto (m)	yayla	[jajla]
falésia (f)	kaya	[kaja]
colina (f)	tepe	[tepe]

geleira (f)	buzluk	[buzluk]
cachoeira (f)	şelâle	[ʃelale]
gêiser (m)	gayzer	[gajzer]
lago (m)	göl	[gøl]

planície (f)	ova	[ova]
paisagem (f)	manzara	[manzara]
eco (m)	yankı	[jankı]

| alpinista (m) | dağcı, alpinist | [daadʒı], [alpinist] |
| escalador (m) | dağcı | [daadʒı] |

| conquistar (vt) | fethetmek | [fethetmek] |
| subida, escalada (f) | tırmanma | [tırmanma] |

128. Nomes de montanhas

Alpes (m pl)	Alp Dağları	[alp daaları]
Monte Branco (m)	Mont Blanc	[mont blan]
Pirineus (m pl)	Pireneler	[pirineler]

Cárpatos (m pl)	Karpatlar	[karpatlar]
Urais (m pl)	Ural Dağları	[ural daaları]
Cáucaso (m)	Kafkasya	[kafkasja]
Elbrus (m)	Elbruz Dağı	[elbrus daaı]

Altai (m)	Altay	[altaj]
Tian Shan (m)	Tien-şan	[tjen ʃan]
Pamir (m)	Pamir	[pamir]
Himalaia (m)	Himalaya Dağları	[himalaja daaları]
monte Everest (m)	Everest Dağı	[everest daaı]

| Cordilheira (f) dos Andes | And Dağları | [and daaları] |
| Kilimanjaro (m) | Kilimanjaro | [kilimandʒaro] |

129. Rios

rio (m)	nehir, ırmak	[nehir], [ırmak]
fonte, nascente (f)	kaynak	[kajnak]
leito (m) de rio	nehir yatağı	[nehir jataı]
bacia (f)	havza	[havza]
desaguar no ...	... dökülmek	[døkylmek]

| afluente (m) | kol | [kol] |
| margem (do rio) | sahil | [sahil] |

corrente (f)	akıntı	[akıntı]
rio abaixo	nehir boyunca	[nehir bojundʒa]
rio acima	nehirden yukarı	[nehirden jukarı]

inundação (f)	taşkın	[taʃkın]
cheia (f)	nehrin taşması	[nehrin taʃması]
transbordar (vi)	taşmak	[taʃmak]
inundar (vt)	su basmak	[su basmak]

| banco (m) de areia | sığlık | [sıːılık] |
| corredeira (f) | nehrin akıntılı yeri | [nehrin akıntılı jeri] |

barragem (f)	baraj	[baraʒ]
canal (m)	kanal	[kanal]
reservatório (m) de água	baraj gölü	[baraʒ gøly]
eclusa (f)	alavere havuzu	[alavere havuzu]
corpo (m) de água	su birikintisi	[su birikintisi]
pântano (m)	bataklık	[bataklık]

lamaçal (m)	**bataklık arazi**	[bataklık arazi]
redemoinho (m)	**girdap**	[girdap]

riacho (m)	**dere**	[dere]
potável (adj)	**içilir**	[itʃilir]
doce (água)	**tatlı**	[tatlı]

gelo (m)	**buz**	[buz]
congelar-se (vr)	**buz tutmak**	[buz tutmak]

130. Nomes de rios

rio Sena (m)	**Sen nehri**	[sen nehri]
rio Loire (m)	**Loire nehri**	[luara nehri]

rio Tâmisa (m)	**Thames nehri**	[temz nehri]
rio Reno (m)	**Ren nehri**	[ren nehri]
rio Danúbio (m)	**Tuna nehri**	[tuna nehri]

rio Volga (m)	**Volga nehri**	[volga nehri]
rio Don (m)	**Don nehri**	[don nehri]
rio Lena (m)	**Lena nehri**	[lena nehri]

rio Amarelo (m)	**Sarı Irmak**	[sarı ırmak]
rio Yangtzé (m)	**Yangçe nehri**	[jangtʃe nehri]
rio Mekong (m)	**Mekong nehri**	[mekong nehri]
rio Ganges (m)	**Ganj nehri**	[ganʒ nehri]

rio Nilo (m)	**Nil nehri**	[nil nehri]
rio Congo (m)	**Kongo nehri**	[kongo nehri]
rio Cubango (m)	**Okavango nehri**	[okavango nehri]
rio Zambeze (m)	**Zambezi nehri**	[zambezi nehri]
rio Limpopo (m)	**Limpopo nehri**	[limpopo nehri]
rio Mississippi (m)	**Mississippi nehri**	[misisipi nehri]

131. Floresta

floresta (f), bosque (m)	**orman**	[orman]
florestal (adj)	**orman**	[orman]

mata (f) fechada	**kesif orman**	[kesif orman]
arvoredo (m)	**koru, ağaçlık**	[koru], [aatʃlık]
clareira (f)	**ormanda açıklığı**	[ormanda atʃıklıːı]

matagal (m)	**sık ağaçlık**	[ʃık aatʃlık]
mato (m), caatinga (f)	**çalılık**	[tʃalılık]

pequena trilha (f)	**keçi yolu**	[ketʃi jolu]
ravina (f)	**sel yatağı**	[sel jataı]

árvore (f)	**ağaç**	[aatʃ]
folha (f)	**yaprak**	[japrak]

folhagem (f)	yapraklar	[japraklar]
queda (f) das folhas	yaprak dökümü	[japrak døkymy]
cair (vi)	dökülmek	[døkylmek]
topo (m)	ağacın tepesi	[aadʒın tepesi]

ramo (m)	dal	[dal]
galho (m)	ağaç dalı	[aatʃ dalı]
botão (m)	tomurcuk	[tomurdʒuk]
agulha (f)	iğne yaprak	[i:ine japrak]
pinha (f)	kozalak	[kozalak]

buraco (m) de árvore	kovuk	[kovuk]
ninho (m)	yuva	[juva]
toca (f)	in	[in]

tronco (m)	gövde	[gøvde]
raiz (f)	kök	[køk]
casca (f) de árvore	kabuk	[kabuk]
musgo (m)	yosun	[josun]

arrancar pela raiz	kökünden sökmek	[køkynden søkmek]
cortar (vt)	kesmek	[kesmek]
desflorestar (vt)	ağaçları yok etmek	[aatʃları jok etmek]
toco, cepo (m)	kütük	[kytyk]

fogueira (f)	kamp ateşi	[kamp ateʃi]
incêndio (m) florestal	yangın	[jangın]
apagar (vt)	söndürmek	[søndyrmek]

guarda-parque (m)	orman bekçisi	[orman bektʃisi]
proteção (f)	koruma	[koruma]
proteger (a natureza)	korumak	[korumak]
caçador (m) furtivo	kaçak avcı	[katʃak avdʒı]
armadilha (f)	kapan	[kapan]

| colher (cogumelos, bagas) | toplamak | [toplamak] |
| perder-se (vr) | yolunu kaybetmek | [jolunu kajbetmek] |

132. Recursos naturais

recursos (m pl) naturais	doğal kaynaklar	[doal kajnaklar]
minerais (m pl)	madensel maddeler	[madensel maddeler]
depósitos (m pl)	katman	[katman]
jazida (f)	yatak	[jatak]

extrair (vt)	çıkarmak	[tʃıkarmak]
extração (f)	maden çıkarma	[maden tʃıkarma]
minério (m)	filiz	[filiz]
mina (f)	maden ocağı	[maden odʒaı]
poço (m) de mina	kuyu	[kuju]
mineiro (m)	maden işçisi	[maden iʃtʃisi]

| gás (m) | gaz | [gaz] |
| gasoduto (m) | gaz boru hattı | [gaz boru hattı] |

petróleo (m)	**petrol**	[petrol]
oleoduto (m)	**petrol boru hattı**	[petrol boru hattı]
poço (m) de petróleo	**petrol kulesi**	[petrol kulesi]
torre (f) petrolífera	**sondaj kulesi**	[sondaʒ kulesi]
petroleiro (m)	**tanker**	[tanker]

areia (f)	**kum**	[kum]
calcário (m)	**kireçtaşı**	[kiretʃtaʃɪ]
cascalho (m)	**çakıl**	[tʃakɪlɪ]
turfa (f)	**turba**	[turba]
argila (f)	**kil**	[kil]
carvão (m)	**kömür**	[kømyr]

ferro (m)	**demir**	[demir]
ouro (m)	**altın**	[altɪn]
prata (f)	**gümüş**	[gymyʃ]
níquel (m)	**nikel**	[nikel]
cobre (m)	**bakır**	[bakɪr]

zinco (m)	**çinko**	[tʃinko]
manganês (m)	**manganez**	[manganez]
mercúrio (m)	**cıva**	[dʒɪva]
chumbo (m)	**kurşun**	[kurʃun]

mineral (m)	**mineral**	[mineral]
cristal (m)	**billur**	[billyr]
mármore (m)	**mermer**	[mermer]
urânio (m)	**uranyum**	[uranjum]

A Terra. Parte 2

133. Tempo

tempo (m)	hava	[hava]
previsão (f) do tempo	hava tahmini	[hava tahmini]
temperatura (f)	sıcaklık	[sɪdʒaklık]
termômetro (m)	termometre	[termometre]
barômetro (m)	barometre	[barometre]
úmido (adj)	nemli	[nemli]
umidade (f)	nem	[nem]
calor (m)	sıcaklık	[sɪdʒaklık]
tórrido (adj)	sıcak	[sɪdʒak]
está muito calor	hava sıcak	[hava sɪdʒak]
está calor	hava ılık	[hava ılık]
quente (morno)	ılık	[ılık]
está frio	hava soğuk	[hava souk]
frio (adj)	soğuk	[souk]
sol (m)	güneş	[gyneʃ]
brilhar (vi)	ışık vermek	[ıʃık vermek]
de sol, ensolarado	güneşli	[gyneʃli]
nascer (vi)	doğmak	[doomak]
pôr-se (vr)	batmak	[batmak]
nuvem (f)	bulut	[bulut]
nublado (adj)	bulutlu	[bulutlu]
nuvem (f) preta	yağmur bulutu	[jaamur bulutu]
escuro, cinzento (adj)	kapalı	[kapalı]
chuva (f)	yağmur	[jaamur]
está a chover	yağmur yağıyor	[jaamur jaıjor]
chuvoso (adj)	yağmurlu	[jaamurlu]
chuviscar (vi)	çiselemek	[tʃiselemek]
chuva (f) torrencial	sağanak	[saanak]
aguaceiro (m)	şiddetli yağmur	[ʃiddetli jaamur]
forte (chuva, etc.)	şiddetli, zorlu	[ʃiddetli], [zorlu]
poça (f)	su birikintisi	[su birikintisi]
molhar-se (vr)	ıslanmak	[ıslanmak]
nevoeiro (m)	sis, duman	[sis], [duman]
de nevoeiro	sisli	[sisli]
neve (f)	kar	[kar]
está nevando	kar yağıyor	[kar jaıjor]

134. Tempo extremo. Catástrofes naturais

trovoada (f)	fırtına	[fırtına]
relâmpago (m)	şimşek	[ʃimʃek]
relampejar (vi)	çakmak	[ʧakmak]

trovão (m)	gök gürültüsü	[gøk gyryltysy]
trovejar (vi)	gürlemek	[gyrlemek]
está trovejando	gök gürlüyor	[gøk gyrlyjor]

granizo (m)	dolu	[dolu]
está caindo granizo	dolu yağıyor	[dolu jaıjor]

inundar (vt)	su basmak	[su basmak]
inundação (f)	taşkın	[taʃkın]

terremoto (m)	deprem	[deprem]
abalo, tremor (m)	sarsıntı	[sarsıntı]
epicentro (m)	deprem merkezi	[deprem merkezi]

erupção (f)	püskürme	[pyskyrme]
lava (f)	lav	[lav]

tornado (m)	hortum	[hortum]
tornado (m)	kasırga	[kasırga]
tufão (m)	tayfun	[tajfun]

furacão (m)	kasırga	[kasırga]
tempestade (f)	fırtına	[fırtına]
tsunami (m)	tsunami	[tsunami]

ciclone (m)	siklon	[siklon]
mau tempo (m)	kötü hava	[køty hava]
incêndio (m)	yangın	[jangın]
catástrofe (f)	felaket	[felaket]
meteorito (m)	göktaşı	[gøktaʃı]

avalanche (f)	çığ	[ʧı:ı]
deslizamento (m) de neve	çığ	[ʧı:ı]
nevasca (f)	tipi	[tipi]
tempestade (f) de neve	kar fırtınası	[kar fırtınası]

Fauna

135. Mamíferos. Predadores

predador (m)	yırtıcı hayvan	[jırtıdʒı hajvan]
tigre (m)	kaplan	[kaplan]
leão (m)	aslan	[aslan]
lobo (m)	kurt	[kurt]
raposa (f)	tilki	[tilki]
jaguar (m)	jagar, jaguar	[ʒagar]
leopardo (m)	leopar	[leopar]
chita (f)	çita	[tʃita]
pantera (f)	panter	[panter]
puma (m)	puma	[puma]
leopardo-das-neves (m)	kar leoparı	[kar leoparı]
lince (m)	vaşak	[vaʃak]
coiote (m)	kır kurdu	[kır kurdu]
chacal (m)	çakal	[tʃakal]
hiena (f)	sırtlan	[sırtlan]

136. Animais selvagens

animal (m)	hayvan	[hajvan]
besta (f)	vahşi hayvan	[vahʃi hajvan]
esquilo (m)	sincap	[sindʒap]
ouriço (m)	kirpi	[kirpi]
lebre (f)	yabani tavşan	[jabani tavʃan]
coelho (m)	tavşan	[tavʃan]
texugo (m)	porsuk	[porsuk]
guaxinim (m)	rakun	[rakun]
hamster (m)	cırlak sıçan	[dʒirlak sıtʃan]
marmota (f)	dağ sıçanı	[daa sıtʃanı]
toupeira (f)	köstebek	[køstebek]
rato (m)	fare	[fare]
ratazana (f)	sıçan	[sıtʃan]
morcego (m)	yarasa	[jarasa]
arminho (m)	kakım	[kakım]
zibelina (f)	samur	[samur]
marta (f)	ağaç sansarı	[aatʃ sansarı]
doninha (f)	gelincik	[gelindʒik]
visom (m)	vizon	[vizon]

| castor (m) | kunduz | [kunduz] |
| lontra (f) | su samuru | [su samuru] |

cavalo (m)	at	[at]
alce (m)	Avrupa musu	[avrupa musu]
veado (m)	geyik	[gejik]
camelo (m)	deve	[deve]

bisão (m)	bizon	[bizon]
auroque (m)	Avrupa bizonu	[avrupa bizonu]
búfalo (m)	manda	[manda]

zebra (f)	zebra	[zebra]
antílope (m)	antilop	[antilop]
corça (f)	karaca	[karadʒa]
gamo (m)	alageyik	[alagejik]
camurça (f)	dağ keçisi	[daa ketʃisi]
javali (m)	yaban domuzu	[jaban domuzu]

baleia (f)	balina	[balina]
foca (f)	fok	[fok]
morsa (f)	mors	[mors]
urso-marinho (m)	kürklü fok balığı	[kyrkly fok balɪːɪ]
golfinho (m)	yunus	[junus]

urso (m)	ayı	[ajɪ]
urso (m) polar	beyaz ayı	[bejaz ajɪ]
panda (m)	panda	[panda]

macaco (m)	maymun	[majmun]
chimpanzé (m)	şempanze	[ʃempanze]
orangotango (m)	orangutan	[orangutan]
gorila (m)	goril	[goril]
macaco (m)	makak	[makak]
gibão (m)	jibon	[ʒibon]

elefante (m)	fil	[fil]
rinoceronte (m)	gergedan	[gergedan]
girafa (f)	zürafa	[zyrafa]
hipopótamo (m)	su aygırı	[su ajgɪrɪ]

| canguru (m) | kanguru | [kanguru] |
| coala (m) | koala | [koala] |

mangusto (m)	firavunfaresi	[fɪravunfaresi]
chinchila (f)	şinşilla	[ʃinʃilla]
cangambá (f)	kokarca	[kokardʒa]
porco-espinho (m)	oklukirpi	[oklukirpi]

137. Animais domésticos

gata (f)	kedi	[kedi]
gato (m) macho	erkek kedi	[erkek kedi]
cão (m)	köpek	[køpek]

cavalo (m)	at	[at]
garanhão (m)	aygır	[ajgır]
égua (f)	kısrak	[kısrak]

vaca (f)	inek	[inek]
touro (m)	boğa	[boa]
boi (m)	öküz	[økyz]

ovelha (f)	koyun	[kojun]
carneiro (m)	koç	[kotʃ]
cabra (f)	keçi	[ketʃi]
bode (m)	teke	[teke]

burro (m)	eşek	[eʃek]
mula (f)	katır	[katır]

porco (m)	domuz	[domuz]
leitão (m)	domuz yavrusu	[domuz javrusu]
coelho (m)	tavşan	[tavʃan]

galinha (f)	tavuk	[tavuk]
galo (m)	horoz	[horoz]

pata (f), pato (m)	ördek	[ørdek]
pato (m)	suna	[suna]
ganso (m)	kaz	[kaz]

peru (m)	erkek hindi	[erkek hindi]
perua (f)	dişi hindi	[diʃi hindi]

animais (m pl) domésticos	evcil hayvanlar	[evdʒil hajvanlar]
domesticado (adj)	evcil	[evdʒil]
domesticar (vt)	evcilleştirmek	[evdʒilleʃtirmek]
criar (vt)	yetiştirmek	[jetiʃtirmek]

fazenda (f)	çiftlik	[tʃiftlik]
aves (f pl) domésticas	kümse hayvanları	[kymse hajvanları]
gado (m)	çiftlik hayvanları	[tʃiftlik hajvanları]
rebanho (m), manada (f)	sürü	[syry]

estábulo (m)	ahır	[ahır]
chiqueiro (m)	domuz ahırı	[domuz ahırı]
estábulo (m)	inek ahırı	[inek ahırı]
coelheira (f)	tavşan kafesi	[tavʃan kafesi]
galinheiro (m)	tavuk kümesi	[tavuk kymesi]

138. Pássaros

pássaro (m), ave (f)	kuş	[kuʃ]
pombo (m)	güvercin	[gyverdʒin]
pardal (m)	serçe	[sertʃe]
chapim-real (m)	baştankara	[baʃtankara]
pega-rabuda (f)	saksağan	[saksaan]
corvo (m)	kara karga, kuzgun	[kara karga], [kuzgun]

gralha-cinzenta (f)	**karga**	[karga]
gralha-de-nuca-cinzenta (f)	**küçük karga**	[kyʧuk karga]
gralha-calva (f)	**ekin kargası**	[ekin kargası]
pato (m)	**ördek**	[ørdek]
ganso (m)	**kaz**	[kaz]
faisão (m)	**sülün**	[sylyn]
águia (f)	**kartal**	[kartal]
açor (m)	**atmaca**	[atmadʒa]
falcão (m)	**doğan**	[doan]
abutre (m)	**akbaba**	[akbaba]
condor (m)	**kondor**	[kondor]
cisne (m)	**kuğu**	[kuu]
grou (m)	**turna**	[turna]
cegonha (f)	**leylek**	[lejlek]
papagaio (m)	**papağan**	[papaan]
beija-flor (m)	**sinekkuşu**	[sinek kuʃu]
pavão (m)	**tavus**	[tavus]
avestruz (m)	**deve kuşu**	[deve kuʃu]
garça (f)	**balıkçıl**	[balıkʧil]
flamingo (m)	**flamingo**	[flamingo]
pelicano (m)	**pelikan**	[pelikan]
rouxinol (m)	**bülbül**	[bylbyl]
andorinha (f)	**kırlangıç**	[kırlangıʧ]
tordo-zornal (m)	**ardıç kuşu**	[ardıʧ kuʃu]
tordo-músico (m)	**öter ardıç kuşu**	[øter ardıʧ kuʃu]
melro-preto (m)	**karatavuk**	[kara tavuk]
andorinhão (m)	**sağan**	[saan]
cotovia (f)	**toygar**	[tojgar]
codorna (f)	**bıldırcın**	[bıldırdʒın]
pica-pau (m)	**ağaçkakan**	[aaʧkakan]
cuco (m)	**guguk**	[guguk]
coruja (f)	**baykuş**	[bajkuʃ]
bufo-real (m)	**puhu kuşu**	[puhu kuʃu]
tetraz-grande (m)	**çalıhorozu**	[ʧalı horozu]
tetraz-lira (m)	**kayın tavuğu**	[kajın tavuu]
perdiz-cinzenta (f)	**keklik**	[keklik]
estorninho (m)	**sığırcık**	[sıːırdʒık]
canário (m)	**kanarya**	[kanarja]
galinha-do-mato (f)	**çil**	[ʧil]
tentilhão (m)	**ispinoz**	[ispinoz]
dom-fafe (m)	**şakrak kuşu**	[ʃakrak kuʃu]
gaivota (f)	**martı**	[martı]
albatroz (m)	**albatros**	[albatros]
pinguim (m)	**penguen**	[penguen]

139. Peixes. Animais marinhos

brema (f)	çapak balığı	[ʧapak balı:ı]
carpa (f)	sazan	[sazan]
perca (f)	tatlı su levreği	[tatlı su levrei]
siluro (m)	yayın	[jajın]
lúcio (m)	turna balığı	[turna balı:ı]

salmão (m)	som balığı	[som balı:ı]
esturjão (m)	mersin balığı	[mersin balı:ı]

arenque (m)	ringa	[ringa]
salmão (m) do Atlântico	som, somon	[som], [somon]
cavala, sarda (f)	uskumru	[uskumru]
solha (f), linguado (m)	kalkan	[kalkan]

lúcio perca (m)	uzunlevrek	[uzunlevrek]
bacalhau (m)	morina balığı	[morina balı:ı]
atum (m)	ton balığı	[ton balı:ı]
truta (f)	alabalık	[alabalık]

enguia (f)	yılan balığı	[jılan balı:ı]
raia (f) elétrica	torpilbalığı	[torpil balı:ı]
moreia (f)	murana	[murana]
piranha (f)	pirana	[pirana]

tubarão (m)	köpek balığı	[køpek balı:ı]
golfinho (m)	yunus	[junus]
baleia (f)	balina	[balina]

caranguejo (m)	yengeç	[jengeʧ]
água-viva (f)	denizanası	[deniz anası]
polvo (m)	ahtapot	[ahtapot]

estrela-do-mar (f)	deniz yıldızı	[deniz jıldızı]
ouriço-do-mar (m)	deniz kirpisi	[deniz kirpisi]
cavalo-marinho (m)	denizatı	[denizatı]

ostra (f)	istiridye	[istiridje]
camarão (m)	karides	[karides]
lagosta (f)	ıstakoz	[ıstakoz]
lagosta (f)	langust	[langust]

140. Anfíbios. Répteis

cobra (f)	yılan	[jılan]
venenoso (adj)	zehirli	[zehirli]

víbora (f)	engerek	[engirek]
naja (f)	kobra	[kobra]
píton (m)	piton	[piton]
jiboia (f)	boa yılanı	[boa jılanı]
cobra-de-água (f)	çayır yılanı	[ʧajır jılanı]

cascavel (f)	çıngıraklı yılan	[ʧɪrgɪraklɪ jɪlan]
anaconda (f)	anakonda	[anakonda]

lagarto (m)	kertenkele	[kertenkele]
iguana (f)	iguana	[iguana]
varano (m)	varan	[varan]
salamandra (f)	salamandra	[salamandra]
camaleão (m)	bukalemun	[bukalemun]
escorpião (m)	akrep	[akrep]

tartaruga (f)	kaplumbağa	[kaplumbaa]
rã (f)	kurbağa	[kurbaa]
sapo (m)	kara kurbağa	[kara kurbaa]
crocodilo (m)	timsah	[timsah]

141. Insetos

inseto (m)	böcek, haşere	[bøʤek], [haʃere]
borboleta (f)	kelebek	[kelebek]
formiga (f)	karınca	[karınʤa]
mosca (f)	sinek	[sinek]
mosquito (m)	sivri sinek	[sivri sinek]
escaravelho (m)	böcek	[bøʤek]

vespa (f)	eşek arısı	[eʃek arısı]
abelha (f)	arı	[arı]
mamangaba (f)	toprak yaban arısı	[toprak jaban arısı]
moscardo (m)	at sineği	[at sinei]

aranha (f)	örümcek	[ørymʤek]
teia (f) de aranha	örümcek ağı	[ørymʤek aı]

libélula (f)	kız böceği	[kız bøʤei]
gafanhoto (m)	çekirge	[ʧekirge]
traça (f)	pervane	[pervane]

barata (f)	hamam böceği	[hamam bøʤei]
carrapato (m)	kene, sakırga	[kene], [sakırga]
pulga (f)	pire	[pire]
borrachudo (m)	tatarcık	[tatarʤık]

gafanhoto (m)	çekirge	[ʧekirge]
caracol (m)	sümüklü böcek	[symykly bøʤek]
grilo (m)	cırcır böceği	[ʤırʤır bøʤei]
pirilampo, vaga-lume (m)	ateş böceği	[ateʃ bøʤei]
joaninha (f)	uğur böceği	[uur bøʤei]
besouro (m)	mayıs böceği	[majıs bøʤei]

sanguessuga (f)	sülük	[sylyk]
lagarta (f)	tırtıl	[tırtıl]
minhoca (f)	solucan	[soluʤan]
larva (f)	kurtçuk	[kurtʃuk]

Flora

142. Árvores

árvore (f)	ağaç	[aatʃ]
decídua (adj)	geniş yapraklı	[geniʃ japraklı]
conífera (adj)	iğne yapraklı	[i:ine japraklı]
perene (adj)	her dem taze	[her dem taze]
macieira (f)	elma ağacı	[elma aadʒı]
pereira (f)	armut ağacı	[armut aadʒı]
cerejeira (f)	kiraz ağacı	[kiraz aadʒı]
ginjeira (f)	vişne ağacı	[viʃne aadʒı]
ameixeira (f)	erik ağacı	[erik aadʒı]
bétula (f)	huş ağacı	[huʃ aadʒı]
carvalho (m)	meşe	[meʃe]
tília (f)	ıhlamur	[ıhlamur]
choupo-tremedor (m)	titrek kavak	[titrek kavak]
bordo (m)	akça ağaç	[aktʃa aatʃ]
espruce (m)	ladin	[ladin]
pinheiro (m)	çam ağacı	[tʃam aadʒı]
alerce, lariço (m)	melez ağacı	[melez aadʒı]
abeto (m)	köknar	[køknar]
cedro (m)	sedir	[sedir]
choupo, álamo (m)	kavak	[kavak]
tramazeira (f)	üvez ağacı	[yvez aadʒı]
salgueiro (m)	söğüt	[søjut]
amieiro (m)	kızılağaç	[kızılaatʃ]
faia (f)	kayın	[kajın]
ulmeiro, olmo (m)	karaağaç	[kara aatʃ]
freixo (m)	dişbudak ağacı	[diʃbudak aadʒı]
castanheiro (m)	kestane	[kestane]
magnólia (f)	manolya	[manolja]
palmeira (f)	palmiye	[palmije]
cipreste (m)	servi	[servi]
mangue (m)	mangrov	[mangrov]
embondeiro, baobá (m)	baobab ağacı	[baobab aadʒı]
eucalipto (m)	okaliptüs	[okaliptys]
sequoia (f)	sekoya	[sekoja]

143. Arbustos

arbusto (m)	çalı	[tʃalı]
arbusto (m), moita (f)	çalılık	[tʃalılık]

| videira (f) | üzüm | [yzym] |
| vinhedo (m) | bağ | [baa] |

framboeseira (f)	ahududu	[ahududu]
groselheira-negra (f)	siyah frenk üzümü	[sijah frenk yzymy]
groselheira-vermelha (f)	kırmızı frenk üzümü	[kırmızı frenk yzymy]
groselheira (f) espinhosa	bektaşi üzümü	[bektaʃi yzymy]

acácia (f)	akasya	[akasja]
bérberis (f)	diken üzümü	[diken yzymy]
jasmim (m)	yasemin	[jasemin]

junípero (m)	ardıç	[ardıtʃ]
roseira (f)	gül ağacı	[gyl aadʒı]
roseira (f) brava	yaban gülü	[jaban gyly]

144. Frutos. Bagas

fruta (f)	meyve	[mejve]
frutas (f pl)	meyveler	[mejveler]
maçã (f)	elma	[elma]
pera (f)	armut	[armut]
ameixa (f)	erik	[erik]

morango (m)	çilek	[tʃilek]
ginja (f)	vişne	[viʃne]
cereja (f)	kiraz	[kiraz]
uva (f)	üzüm	[yzym]

framboesa (f)	ahududu	[ahududu]
groselha (f) negra	siyah frenk üzümü	[sijah frenk yzymy]
groselha (f) vermelha	kırmızı frenk üzümü	[kırmızı frenk yzymy]
groselha (f) espinhosa	bektaşi üzümü	[bektaʃi yzymy]
oxicoco (m)	kızılcık	[kızıldʒık]

laranja (f)	portakal	[portakal]
tangerina (f)	mandalina	[mandalina]
abacaxi (m)	ananas	[ananas]

| banana (f) | muz | [muz] |
| tâmara (f) | hurma | [hurma] |

limão (m)	limon	[limon]
damasco (m)	kayısı	[kajısı]
pêssego (m)	şeftali	[ʃeftali]

| quiuí (m) | kivi | [kivi] |
| toranja (f) | greypfrut | [grejpfrut] |

baga (f)	meyve, yemiş	[mejve], [jemiʃ]
bagas (f pl)	yemişler	[jemiʃler]
arando (m) vermelho	kırmızı yaban mersini	[kırmızı jaban mersini]
morango-silvestre (m)	yabani çilek	[jabani tʃilek]
mirtilo (m)	yaban mersini	[jaban mersini]

145. Flores. Plantas

flor (f)	çiçek	[ʧiʧek]
buquê (m) de flores	demet	[demet]

rosa (f)	gül	[gyl]
tulipa (f)	lale	[lale]
cravo (m)	karanfil	[karanfil]
gladíolo (m)	glayöl	[glajøl]

centáurea (f)	peygamber çiçeği	[pejgamber ʧiʧei]
campainha (f)	çançiçeği	[ʧanʧiʧei]
dente-de-leão (m)	hindiba	[hindiba]
camomila (f)	papatya	[papatja]

aloé (m)	sarısabır	[sarısabır]
cacto (m)	kaktüs	[kaktys]
fícus (m)	kauçuk ağacı	[kauʧuk aadʒı]

lírio (m)	zambak	[zambak]
gerânio (m)	sardunya	[sardunija]
jacinto (m)	sümbül	[symbyl]

mimosa (f)	mimoza	[mimoza]
narciso (m)	nergis	[nergis]
capuchinha (f)	latin çiçeği	[latin ʧiʧei]

orquídea (f)	orkide	[orkide]
peônia (f)	şakayık	[ʃakajık]
violeta (f)	menekşe	[menekʃe]

amor-perfeito (m)	hercai menekşe	[herdʒai menekʃe]
não-me-esqueças (m)	unutmabeni	[unutmabeni]
margarida (f)	papatya	[papatja]

papoula (f)	haşhaş	[haʃhaʃ]
cânhamo (m)	kendir	[kendir]
hortelã, menta (f)	nane	[nane]

lírio-do-vale (m)	inci çiçeği	[indʒi ʧiʧei]
campânula-branca (f)	kardelen	[kardelen]

urtiga (f)	ısırgan otu	[ısırgan otu]
azedinha (f)	kuzukulağı	[kuzukulaı]
nenúfar (m)	beyaz nilüfer	[bejaz nilyfer]
samambaia (f)	eğreltiotu	[eereltiotu]
líquen (m)	liken	[liken]

estufa (f)	limonluk	[limonlyk]
gramado (m)	çimen	[ʧimen]
canteiro (m) de flores	çiçek tarhı	[ʧiʧek tarhı]

planta (f)	bitki	[bitki]
grama (f)	ot	[ot]
folha (f) de grama	ot çöpü	[ot ʧøpy]

folha (f)	yaprak	[japrak]
pétala (f)	taçyaprağı	[tatʃjapraı]
talo (m)	sap	[sap]
tubérculo (m)	yumru	[jumru]

| broto, rebento (m) | filiz | [filiz] |
| espinho (m) | diken | [diken] |

florescer (vi)	çiçeklenmek	[tʃitʃeklenmek]
murchar (vi)	solmak	[solmak]
cheiro (m)	koku	[koku]
cortar (flores)	kesmek	[kesmek]
colher (uma flor)	koparmak	[koparmak]

146. Cereais, grãos

grão (m)	tahıl, tane	[tahıl], [tane]
cereais (plantas)	tahıllar	[tahıllar]
espiga (f)	başak	[baʃak]

trigo (m)	buğday	[buudaj]
centeio (m)	çavdar	[tʃavdar]
aveia (f)	yulaf	[julaf]
painço (m)	darı	[darı]
cevada (f)	arpa	[arpa]

milho (m)	mısır	[mısır]
arroz (m)	pirinç	[pirintʃ]
trigo-sarraceno (m)	karabuğday	[karabuudaj]

ervilha (f)	bezelye	[bezelje]
feijão (m) roxo	fasulye	[fasulje]
soja (f)	soya	[soja]
lentilha (f)	mercimek	[merdʒimek]
feijão (m)	bakla	[bakla]

PAÍSES. NACIONALIDADES

147. Europa Ocidental

Europa (f)	Avrupa	[avrupa]
União (f) Europeia	Avrupa Birliği	[avrupa birli:i]
Áustria (f)	Avusturya	[avusturja]
Grã-Bretanha (f)	Büyük Britanya	[byjuk britanja]
Inglaterra (f)	İngiltere	[ingiltere]
Bélgica (f)	Belçika	[beltʃika]
Alemanha (f)	Almanya	[almanja]
Países Baixos (m pl)	Hollanda	[hollanda]
Holanda (f)	Hollanda	[hollanda]
Grécia (f)	Yunanistan	[junanistan]
Dinamarca (f)	Danimarka	[danimarka]
Irlanda (f)	İrlanda	[irlanda]
Islândia (f)	İzlanda	[izlanda]
Espanha (f)	İspanya	[ispanja]
Itália (f)	İtalya	[italja]
Chipre (m)	Kıbrıs	[kıbrıs]
Malta (f)	Malta	[malta]
Noruega (f)	Norveç	[norvetʃ]
Portugal (m)	Portekiz	[portekiz]
Finlândia (f)	Finlandiya	[finlandja]
França (f)	Fransa	[fransa]
Suécia (f)	İsveç	[isvetʃ]
Suíça (f)	İsviçre	[isvitʃre]
Escócia (f)	İskoçya	[iskotʃja]
Vaticano (m)	Vatikan	[vatikan]
Liechtenstein (m)	Lihtenştayn	[lihtenʃtajn]
Luxemburgo (m)	Lüksemburg	[lyksemburg]
Mônaco (m)	Monako	[monako]

148. Europa Central e de Leste

Albânia (f)	Arnavutluk	[arnavutluk]
Bulgária (f)	Bulgaristan	[bulgaristan]
Hungria (f)	Macaristan	[madʒaristan]
Letônia (f)	Letonya	[letonja]
Lituânia (f)	Litvanya	[litvanja]
Polônia (f)	Polonya	[polonja]

Romênia (f)	**Romanya**	[romanja]
Sérvia (f)	**Sırbistan**	[sırbistan]
Eslováquia (f)	**Slovakya**	[slovakja]

Croácia (f)	**Hırvatistan**	[hırvatistan]
República (f) Checa	**Çek Cumhuriyeti**	[tʃek dʒumhurijeti]
Estônia (f)	**Estonya**	[estonja]

Bósnia e Herzegovina (f)	**Bosna-Hersek**	[bosna hertsek]
Macedônia (f)	**Makedonya**	[makedonja]
Eslovênia (f)	**Slovenya**	[slovenja]
Montenegro (m)	**Karadağ**	[karadaa]

149. Países da ex-URSS

Azerbaijão (m)	**Azerbaycan**	[azerbajdʒan]
Armênia (f)	**Ermenistan**	[ermenistan]

Belarus	**Beyaz Rusya**	[bejaz rusja]
Geórgia (f)	**Gürcistan**	[gyrdʒistan]
Cazaquistão (m)	**Kazakistan**	[kazakistan]
Quirguistão (m)	**Kırgızistan**	[kırgızistan]
Moldávia (f)	**Moldova**	[moldova]

Rússia (f)	**Rusya**	[rusja]
Ucrânia (f)	**Ukrayna**	[ukrajna]

Tajiquistão (m)	**Tacikistan**	[tadʒikistan]
Turquemenistão (m)	**Türkmenistan**	[tyrkmenistan]
Uzbequistão (f)	**Özbekistan**	[øzbekistan]

150. Asia

Ásia (f)	**Asya**	[asja]
Vietnã (m)	**Vietnam**	[vjetnam]
Índia (f)	**Hindistan**	[hindistan]
Israel (m)	**İsrail**	[israil]

China (f)	**Çin**	[tʃin]
Líbano (m)	**Lübnan**	[lybnan]
Mongólia (f)	**Moğolistan**	[moolistan]

Malásia (f)	**Malezya**	[malezja]
Paquistão (m)	**Pakistan**	[pakistan]

Arábia (f) Saudita	**Suudi Arabistan**	[suudi arabistan]
Tailândia (f)	**Tayland**	[tailand]
Taiwan (m)	**Tayvan**	[tajvan]
Turquia (f)	**Türkiye**	[tyrkije]
Japão (m)	**Japonya**	[ʒaponja]
Afeganistão (m)	**Afganistan**	[afganistan]
Bangladesh (m)	**Bangladeş**	[bangladeʃ]

| Indonésia (f) | Endonezya | [endonezja] |
| Jordânia (f) | Ürdün | [urdyn] |

| Iraque (m) | Irak | [ɪrak] |
| Irã (m) | İran | [iran] |

| Camboja (f) | Kamboçya | [kambotʃja] |
| Kuwait (m) | Kuveyt | [kuvejt] |

Laos (m)	Laos	[laos]
Birmânia (f)	Myanmar	[mjanmar]
Nepal (m)	Nepal	[nepal]
Emirados Árabes Unidos	Birleşik Arap Emirlikleri	[birleʃik arap emirlikleri]

| Síria (f) | Suriye | [surije] |
| Palestina (f) | Filistin | [filistin] |

| Coreia (f) do Sul | Güney Kore | [gynej kore] |
| Coreia (f) do Norte | Kuzey Kore | [kuzej kore] |

151. América do Norte

Estados Unidos da América	Amerika Birleşik Devletleri	[amerika birleʃik devletleri]
Canadá (m)	Kanada	[kanada]
México (m)	Meksika	[meksika]

152. América Central do Sul

Argentina (f)	Arjantin	[arʒantin]
Brasil (m)	Brezilya	[brezilja]
Colômbia (f)	Kolombiya	[kolombija]

| Cuba (f) | Küba | [kyba] |
| Chile (m) | Şili | [ʃili] |

| Bolívia (f) | Bolivya | [bolivja] |
| Venezuela (f) | Venezuela | [venezuela] |

| Paraguai (m) | Paraguay | [paraguaj] |
| Peru (m) | Peru | [peru] |

Suriname (m)	Surinam	[surinam]
Uruguai (m)	Uruguay	[urugvaj]
Equador (m)	Ekvator	[ekvator]

| Bahamas (f pl) | Bahama adaları | [bahama adaları] |
| Haiti (m) | Haiti | [haiti] |

República Dominicana	Dominik Cumhuriyeti	[dominik dʒumhurijeti]
Panamá (m)	Panama	[panama]
Jamaica (f)	Jamaika	[ʒamajka]

153. Africa

Egito (m)	**Mısır**	[mısır]
Marrocos	**Fas**	[fas]
Tunísia (f)	**Tunus**	[tunus]
Gana (f)	**Gana**	[gana]
Zanzibar (m)	**Zanzibar**	[zanzibar]
Quênia (f)	**Kenya**	[kenja]
Líbia (f)	**Libya**	[libja]
Madagascar (m)	**Madagaskar**	[madagaskar]
Namíbia (f)	**Namibya**	[namibja]
Senegal (m)	**Senegal**	[senegal]
Tanzânia (f)	**Tanzanya**	[tanzanja]
África (f) do Sul	**Güney Afrika Cumhuriyeti**	[gynej afrika dʒumhurijeti]

154. Austrália. Oceania

Austrália (f)	**Avustralya**	[avustralja]
Nova Zelândia (f)	**Yeni Zelanda**	[jeni zelanda]
Tasmânia (f)	**Tazmanya**	[tazmanija]
Polinésia (f) Francesa	**Fransız Polinezisi**	[fransız polinezisi]

155. Cidades

Amesterdã, Amsterdã	**Amsterdam**	[amsterdam]
Ancara	**Ankara**	[ankara]
Atenas	**Atina**	[atina]
Bagdade	**Bağdat**	[baadat]
Bancoque	**Bangkok**	[bankok]
Barcelona	**Barselona**	[barselona]
Beirute	**Beyrut**	[bejrut]
Berlim	**Berlin**	[berlin]
Bonn	**Bonn**	[bonn]
Bordéus	**Bordo**	[bordo]
Bratislava	**Bratislava**	[bratislava]
Bruxelas	**Brüksel**	[bryksel]
Bucareste	**Bükreş**	[bykreʃ]
Budapeste	**Budapeşte**	[budapeʃte]
Cairo	**Kahire**	[kahire]
Calcutá	**Kalküta**	[kalkyta]
Chicago	**Chicago**	[tʃikago]
Cidade do México	**Meksiko**	[meksiko]
Copenhague	**Kopenhag**	[kopenhag]
Dar es Salaam	**Darüsselam**	[darysselam]
Deli	**Delhi**	[delhi]

Dubai	**Dubai**	[dubai]
Dublim	**Dublin**	[dublin]
Düsseldorf	**Düsseldorf**	[dysseldorf]
Estocolmo	**Stokholm**	[stokholm]
Florença	**Floransa**	[floransa]
Frankfurt	**Frankfurt**	[frankfurt]
Genebra	**Cenevre**	[dʒenevre]
Haia	**Lahey**	[lahej]
Hamburgo	**Hamburg**	[hamburg]
Hanói	**Hanoi**	[hanoj]
Havana	**Havana**	[havana]
Helsinque	**Helsinki**	[helsinki]
Hiroshima	**Hiroşima**	[hiroʃima]
Hong Kong	**Hong Kong**	[honkong]
Istambul	**İstanbul**	[istanbul]
Jerusalém	**Kudüs**	[kudys]
Kiev, Quieve	**Kiev**	[kiev]
Kuala Lumpur	**Kuala Lumpur**	[kuala lumpur]
Lion	**Lyon**	[ljon]
Lisboa	**Lizbon**	[lizbon]
Londres	**Londra**	[londra]
Los Angeles	**Los Angeles**	[los andʒeles]
Madrid	**Madrid**	[madrid]
Marselha	**Marsilya**	[marsilja]
Miami	**Miami**	[majami]
Montreal	**Montreal**	[montreal]
Moscou	**Moskova**	[moskova]
Mumbai	**Bombay**	[bombaj]
Munique	**Münih**	[mynih]
Nairóbi	**Nairobi**	[nairobi]
Nápoles	**Napoli**	[napoli]
Nice	**Nice**	[nis]
Nova York	**New York**	[nju jork]
Oslo	**Oslo**	[oslo]
Ottawa	**Ottava**	[ottava]
Paris	**Paris**	[paris]
Pequim	**Pekin**	[pekin]
Praga	**Prag**	[prag]
Rio de Janeiro	**Rio de Janeiro**	[rio de ʒanejro]
Roma	**Roma**	[roma]
São Petersburgo	**Saint Petersburg**	[sant peterburg]
Seul	**Seul**	[seul]
Singapura	**Singapur**	[singapur]
Sydney	**Sydney**	[sidnej]
Taipé	**Taipei**	[tajpej]
Tóquio	**Tokyo**	[tokjo]
Toronto	**Toronto**	[toronto]
Varsóvia	**Varşova**	[varʃova]

Veneza	**Venedik**	[venedik]
Viena	**Viyana**	[vijana]
Washington	**Washington**	[vaʃington]
Xangai	**Şanghay**	[ʃanghaj]

www.ingramcontent.com/pod-product-compliance
Lightning Source LLC
LaVergne TN
LVHW051742080426

835511LV00018B/3193